Gabriele Blod

Die Entstehung der israelitischen Gemeinde Freiburg 1849-1871

Schillinger Verlag GmbH · Freiburg i.Br.

Schriftleitung:
Heiko Haumann
Hans Schadeck

Umschlagbild: Die Freiburger Synagoge im Zustand von 1902
(StadtAF, M 736/1772)
Herausgegeben von der Stadt Freiburg i. Br. – Stadtarchiv –
1. Aufl. 1988 – ISBN 3-89155-072-3

Gesamtherstellung: Druckerei Karl Schillinger, Freiburg i. Br.

Inhalt

Zum Geleit — Seite
Dr. Rolf Böhme, Oberbürgermeister der Stadt Freiburg i.Br. — 5

Grußwort
Hans Heinz Altmann — 6

Vorwort — 9

1. Juden in Freiburg vor 1846 — 11
2. Der Verlauf der Emanzipationsgesetzgebung in Baden (1846-1849) — 14
   - Die „Wende von 1846" und die Anfänge einer katholischen Opposition — 14
   - Der Ausbruch der Revolution 1848 — 16
3. Der Fall Näf (1849-1851) — 20
   - Die Ereignisse — 20
   - Die Rechtslage — 27
   - Die Interessenlage — 30
4. Die Übergangszeit (1850-1860) — 34
5. Freiburg und das Emanzipationsgesetz von 1862 — 36
6. Die ersten jüdischen Bürger in Freiburg (1862-1864) — 39
7. Die Gründung der israelitischen Gemeinde Freiburg (1864/65) — 42
8. Das politische Klima in Freiburg während der sechziger Jahre — 44
9. Die Errichtung des israelitischen Friedhofs (1865-1870) — 48
10. Die Schulfrage (1867-1875) — 53
11. Der Bau der Synagoge (1869/70) — 56
12. Näf als Freiburger Abgeordneter (1869-1871) — 62
13. 1871 – Ein Blick auf die israelitische Gemeinde — 64
14. Schluß — 68

Anmerkungen — 70

Anhang — 77

Quellen- und Literaturverzeichnis — 97

Zum Geleit

Die Geschichte der Juden in Freiburg ist fast so alt wie die der Stadt selbst. 1230, ein gutes Jahrhundert nach der Stadtgründung durch die Zähringer, sind erstmals Juden in Freiburg urkundlich erwähnt. Damit beginnt die vielfach leidvolle Geschichte der Freiburger jüdischen Gemeinde, von der ein Kapitel mit diesem Heft anläßlich des 50. Jahrestages der Reichspogromnacht erstmals wissenschaftlich dokumentiert wird. Den Initiatoren und der Autorin dieser Schrift ist zu danken, denn die Zahl der Zeitzeugen, die die verbrecherische Diktatur des „Dritten Reiches" überlebt haben und aus eigener Erfahrung berichten können, wird von Tag zu Tag kleiner.

Im Verlauf der Jahrhunderte haben die Juden in Freiburg mancherlei Pogromen und Verfolgungen zum Trotz stets eine wichtige Rolle im Leben der Stadt gespielt. Ende des letzten Jahrhunderts sprach Stadtrabbiner Dr. Lewin von „Kindern dieser Stadt, die uns zur Heimat geworden".

Der leidensvolle Weg der israelitischen Gemeinde während der nationalsozialistischen Diktatur gehört zu den dunkelsten Kapiteln der jüngeren Vergangenheit. Viele hundert Mitglieder der jüdischen Gemeinde wurden in Vernichtungslagern umgebracht; die wenigen, welche rechtzeitig vor den Häschern fliehen konnten, ließen ihre Habe zurück und verloren oft auch nächste Angehörige und Freunde. Die Synagoge als das Zentrum der jüdischen Gemeinde wurde von den Nationalsozialisten in Brand gesteckt.

Seit den Verbrechen des „Dritten Reiches" sind mehr als eine Generation vergangen, ohne daß die Verantwortung der Deutschen für diese Greueltaten geringer geworden wäre. Wir haben dafür einzustehen, was damals im deutschen Namen geschah, und wir haben dafür einzustehen, wie die damalige Zeit in unserer Geschichte weiterlebt. Vor allem aber trägt die heutige Generation die Verantwortung dafür, daß sich dieses schlimme Kapitel der Geschichte nie wiederholt. Das Schicksal der Freiburger Juden, welches hier für eine wichtige Zeitspanne dokumentiert ist, hilft uns, für die Zukunft aus der Geschichte zu lernen.

Das Gedenken an die Opfer darf sich nicht in Gedenktafeln und Mahnfeiern erschöpfen. Freiburg hat erste, bescheidene Schritte versucht und lädt seit 1985 alle uns bekannten überlebenden Mitbürger, welche wegen ihres Glaubens die Heimat verloren, zu jährlichen Besuchen ein. Sie kamen nicht als Gäste, sondern als frühere Mitbürger.

Der Bau der neuen Synagoge, deren Grundstein 1985 anläßlich des ersten Besuchs ehemaliger jüdischer Mitbürger gelegt und die 1987 feierlich eröffnet wurde, geschah mit organisatorischer und finanzieller Unterstützung der Stadt Freiburg. Die Synagoge ist zu einem neuen geistigen und gesellschaftlichen Zentrum der kleinen jüdischen Gemeinde geworden. Die Synagoge entstand so als äußeres Zeichen eines Neubeginns, als versöhnliches Zeichen eines guten Willens.

Dr. Rolf Böhme
Oberbürgermeister

Grußwort

In der „guten alten Zeit" pflegten viele Autoren ihre Bücher mit dem Zitat abzuschließen: „Im Schlusseder Rede wird das Ganze erkannt".
Dies ist auch heute für viele Bücher und Darstellungen noch möglich, keinesfalls aber für die vorliegende Arbeit. Es wird noch viel Zeit notwendig sein, um „das Ganze" zu erkennen. Dies ist ein Anfang, für den wir sehr dankbar zu sein haben, Christen wie Juden.
Seien wir ehrlich, wer hätte sich selbst vor 1933 für jüdische Lokalgeschichte interessiert? Die Juden möglicherweise nur in den Hochschulen für jüdische Wissenschaft in Berlin und Breslau, keinesfalls das einzelne Gemeindemitglied, das so in den Vorgang der Emanzipation eingesponnen war, daß es auf Erkenntnisse der eigenen Grundlagen in diesem Lande mehr als gern verzichtete. Der jüdischen Orthodoxie standen eine Unzahl theologischer Texte zur Verfügung, die für die Entwicklung jüdischen Denkens durch Generationen hinreichenden Diskussionsstoff boten.
Christen hatten wenig Zugang zu jüdischem Gemeindeleben, oft nicht ganz ohne Schuld der Juden selbst, die hinter den Mauern ihrer Bethäuser sich den Blikken ihrer Nachbarn entzogen. Sicherlich dies auch einer von vielen Gründen, die zur Förderung des Antisemitismus beigetragen haben, weil es leicht war, Legenden von dunklen Dingen zu erfinden, die das Licht des Tages zu scheuen hatten. Eine der ganz wenigen guten Folgen der grauenvollen Zeit, ist die große Öffnung, die sich in beiden Richtungen, von Christen und Juden vollzogen hat. Die Tore der Gotteshäuser sind weit geöffnet, es bietet sich die Erkenntnis an und gewinnt immer mehr an Durchsetzungskraft, daß religiöse Kräfte nicht nur mit schriftlichem Material in die Wirklichkeit umgesetzt werden können, sondern daß es möglich ist, Seele und Einfühlungsvermögen der Menschen so anzusprechen, daß ein gemeinsames, die Welt leitendes, göttliches Ideal zu finden ist.
Solche Versuche, und möglicherweise auch Erfolge, können nicht im luftleeren Raum geschaffen werden, Kenntnisse werden verlangt, sichere Grundlagen einer historischen Forschung, aus denen Jeder nach und nach verstehen lernt, daß das Leben, auch das religiöse Leben, des jüdischen Nachbarn so gewachsen und entstanden ist, wie das seines christlichen Freundes.
So beginnen heute an vielen Orten Dissertationen, Bücher und Artikel in wissenschaftlichen Zeitungen auf den Büchertischen zu liegen, die früher weder Käufer noch Leser gefunden hätten. Naturgemäß interessiert sich jeder Bürger für das, was in seiner nächsten Nachbarschaft vorgegangen ist. Wir hören es immer wieder, bei Führungen durch unsere Synagogen, bei gemeinsamen Gottesdiensten und bei Diskussionen nach Vorträgen, mit welchem einmaligen Erstaunen Leser und Hörer anderer Glaubensbekenntnisse davon Kenntnis nehmen, daß die jüdische Religion, doch recht eigentlich auch Mutter der ihrigen, Trost, Hoffnung und Sicherheit auch denen gibt, die schon einmal von böswilligen und brutalen Menschen als der Unrat der Weltgeschichte dargestellt wurden.

Wenn sich am 9. November 1988 die Gedanken zum 50. Erinnerungstag an die Reichspogromnacht konzentrieren, dann beginnen wir zu verstehen, daß möglicherweise viel hätte vermieden werden können,

wenn Bücher der vorliegenden Art schon früher geschrieben, aber auch gelesen worden wären.
Um „das Ganze" zu erkennen, wird noch viel Zeit vergehen. Es wird immer schwieriger werden, je weniger Zeitzeugen zur Verfügung stehen. Ein Grund mehr, aus dem heraus wir für die Arbeit von Gabriele Blod dankbar zu sein haben, dankbar, auch in der Hoffnung, daß sie selbst und viele andere junge Menschen in ihren Studien die begonnene Arbeit fortsetzen und zu einem glücklichen Ende führen.
Selbst wenn solche Forschungsarbeiten in die Hände von Menschen fallen, die weiter unbelehrbar sein sollten, so gilt immer noch der Ausspruch des Quintilian: „Es wurde geschrieben, damit man es erzählt, nicht, damit man es billigt." Wir, Zeitzeugen und Leidtragende dieser Generation, können aus den Sprüchen der Väter zitieren und der Hoffnung Ausdruck geben, daß auch aus dieser wissenschaftlichen Arbeit ein Beitrag für die heile Welt geliefert werde: „Nicht das Forschen ist die Hauptsache, sondern das Tun".

Hans Heinz Altmann
13. September 1988

Vorwort

„So ist die Fremde uns zur Heimat geworden. So fühlen wir uns nicht als Fremde – werden auch nicht als solche angesehen – denn ein Gefühl der Liebe umschlingt uns alle und unsere andersgläubigen Mitbürger, das Band der Liebe zu Fürst und Vaterland, zu unserer schönen Mutterstadt".
(Predigt Adolf Lewins aus dem Jahre 1890)

Diese Darstellung versucht, zwei „Geschichten" miteinander zu verbinden: die Geschichte der eigenen Heimat mit der Geschichte jener Bevölkerungsgruppe, die in dieser Heimat nur zögernd zugelassen und nach weniger als einem Jahrhundert nicht nur aus ihr vertrieben, sondern auch vernichtet wurde. Im Jahre 1862 konnten – nach der Verabschiedung des Gesetzes über die vollständige bürgerliche Gleichberechtigung der Juden in Baden – die ersten jüdischen Bürger in Freiburg wieder das Bürgerrecht erlangen, 1864/65 gründete sich die israelitische Gemeinde, nach der mittelalterlichen die zweite der Freiburger Geschichte, die 1942 mit der Deportation der letzten jüdischen Einwohner Freiburgs ihr Ende fand. Der Bruch der jüdischen Geschichte in Deutschland spiegelt sich auch in der Regionalgeschichte; die Geschichte der Juden in Freiburg verläuft nicht kontinuierlich, sondern ist von dreimaligem Neuanfang geprägt.

So ist vielleicht zu begründen, warum sich diese Darstellung dem vergangenen Jahrhundert zuwendet und nicht der unmittelbaren Vergangenheit. In gewisser Weise läßt sich das eine vom anderen nicht trennen: Nicht nur die Geschichte der Juden in Deutschland, auch die Historiographie ist durch den Einschnitt des „Dritten Reichs", der Erfahrung der schrittweisen Entrechtung der jüdischen Bürger und des Holocaust in einer Art geprägt, die das unreflektierte „Erzählen" von Geschichte nicht mehr zuläßt. So kann man auch die Zeit der Emanzipation – das späte 18. und das 19. Jahrhundert – nicht ausschließlich als Aufbruch in eine bessere, gerechtere Zeit begreifen: Das war sie zwar auch, insbesondere für einen Großteil der deutschen Juden selbst, die endlich die Chance der bedingungslosen bürgerlichen Gleichstellung ergreifen konnten. Doch gab es schon damals Stimmen, die vor den Kosten der Anpassung und den Grenzen der Assimilation warnten: „Erziehung" und „bürgerliche Verbesserung" der Juden war nämlich nur zu oft, und nicht nur im damaligen Großherzogtum Baden, das politische Programm derer, die sich für die Emanzipation der Juden – im Sinne eines Aufgebens der überkommenen Identität – einsetzten. Die nichtjüdischen Politiker verstanden darunter die allmähliche, notwendige Hebung der sozialen und „moralischen" Verfassung des Judentums, das infolge der über Jahrhunderte hinweg betriebenen Ausschließungspolitik auf wenige Berufszweige (Viehhandel, Trödel, Leihgeschäfte) beschränkt war und von daher in schlechtem Ruf stand. Gegen die Aufhebung solcher Berufsschranken war nichts einzuwenden – aber wo konnte man die Grenze ziehen angesichts der weitergehenden Forderungen nach Integration ins christlich-bürgerliche Gemeinwesen?

Doch nicht nur das Erbe der Vergangenheit, die immerwiederkehrenden Klischees des „Trödeljuden" und „Wucherers" ließen den Emanzipationsprozeß in Baden über Jahrzehnte hinweg stagnieren, es kam hinzu, daß diese Klischees seit der Mitte des Jahrhunderts von den damaligen politischen Gruppierungen in der Auseinandersetzung um ganz andere Ziele eingesetzt wurden. In der Diskussion um die Deutschkatholikenfrage, in den Debatten der Revolution von 1848 und schließlich im badischen Kulturkampf der

1860er Jahre wurden die Vorurteile über Juden als politische Argumente in der Konfrontation zwischen Liberalen und Vertretern des politischen Katholizismus gebraucht. Diese politische Indienstnahme des altbekannten antisemitischen Arsenals nimmt die Polemiken in den Massendemokratien des späten 19. und des 20. Jahrhunderts vorweg, und es gibt zu denken, daß mit der Berufung auf die „Stimme des Volkes" zwar einerseits der Öffnung des Wahlsystems Bahn gebrochen, diese aber andererseits in einer Weise agitatorisch ins Spiel der Politik gebracht wurde, die sich für Juden (und für andere Minderheiten) als verhängnisvoll erweisen sollte.

Wenn es wahr ist, daß jede Geschichte eine Vorgeschichte hat, die man kennen muß, um das Ganze beurteilen zu können, dann versteht sich diese Arbeit als Beitrag zu einer solchen „vollständigen" Darstellung nicht nur der Geschichte der Emanzipation der badischen Juden, sondern auch der Geschichte Freiburgs. Die Schwierigkeiten und Ambivalenzen, von denen der Entstehungsprozeß der zweiten israelitischen Gemeinde geprägt war, aber auch die Erfolge, die er verzeichnen konnte, können für die Untersuchung der nachfolgenden Jahrzehnte einen Ausgangspunkt bilden, ohne daß die vorliegende Arbeit deren Ergebnisse vorwegnehmen könnte.

Mein Dank gilt Herrn Dr. Schadek, der diese Arbeit in die Reihe des Stadtarchivs aufgenommen hat, und all jenen, die im Laufe der Jahre an ihrer Entstehung beteiligt waren: Herrn Prof. Dr. Ernst Schulin, der die ursprüngliche Fassung als Magisterarbeit annahm, und den Mitgliedern des Arbeitskreises Regionalgeschichte Freiburg, die mir die Gelegenheit gaben, die Ergebnisse meiner Arbeit zu diskutieren. Herrn Hans Heinz Altmann möchte ich für die bereitwilligen Auskünfte auf meine Nachfragen danken, was das eventuelle Überleben jüdischer Quellen betrifft – Nachfragen, die leider negativ beantwortet werden mußten. Ein besonderer Dank geht an die Mitarbeiter des Stadtarchivs Freiburgs, des Universitätsarchivs Freiburg und des Generallandesarchivs Karlsruhe. Für Anregungen und Verbesserungsvorschläge, insbesondere aber für das Interesse, das sie dieser Arbeit von Anfang an entgegenbrachten, möchte ich Herrn Prof. Dr. Heiko Haumann und Herrn Dr. Daniel Drašček danken.

1. Juden in Freiburg bis 1846

Die Vertreibung der Juden aus Freiburg im Jahre 1424 bedeutete das Ende der mittelalterlichen jüdischen Gemeinden, die von 1281 bis 1349 und von 1360 bis 1424 bestanden hatten. Den ausgewiesenen Juden, die sich im Umland niederließen, wurde im Freiburger Stadtrecht von 1520 das Betreten der Stadt nur in Begleitung des Stadtknechts erlaubt. An dieser Regelung hielt die Stadt bis ins 18. Jahrhundert hinein fest, wenn auch die Landesregierung Ausnahmen erzwang (wie die Niederlassung von jüdischen Militärlieferanten in Freiburg während der Jahre 1700 bis 1732). Während der vorderösterreichischen Zeit, nachdem 1782 durch das Toleranzedikt Josephs II. Juden das freie Ansiedlungsrecht in den Städten erhalten hatten, wehrten sich die Gemeinde und die Zünfte vier Jahre lang – 1798 bis 1802 – gegen die Niederlassung eines jüdischen Heereslieferanten.[1]

Unter badischer Herrschaft änderten sich die Zustände nicht wesentlich, soweit das Ortsbürgerrecht betroffen war. Im Zuge der allgemeinen Organisation des neuen Großherzogtums Baden in den sogenannten Konstitutionsedikten (1807/1809) hatte sich zwar die rechtliche Lage der in dem Gebiete des neuen Staates lebenden Juden einschneidend geändert. Waren sie bisher bloß geduldete Untertanen und Schutzjuden mit jederzeit kündbaren und nicht ohne weiteres vererbbaren Schutzbriefen gewesen, so wurden sie nun durch den § 1 des 1. Konstitutionsediktes vom 14. März 1807 zu Staatsbürgern; ihre Religion wurde durch § 7 desselben Edikts zur „konstitutionsmäßig geduldeten" erklärt.[2] Ihre Staatsbürgerschaft wurde in § 19 des 6. Konstitutionsedikts vom 14. Juni 1808 ausdrücklich bestätigt, jedoch zugleich mit einer entscheidenden Einschränkung versehen:

„. . . Zwar sollen sie noch zur Zeit, und so lange sie nicht eine, zu gleicher Nahrungsart und Arbeitsfähigkeit mit den christlichen Einwohnern hinreichende Bildung im allgemeinen angenommen haben, und solange nicht daraufhin etwas Anderes durch die Staatsgesetze verordnet wird, an keinem Orte zur Wohnung zugelassen werden, wo bisher noch keine waren, ohne Einwilligung der Ortsgemeinde und besondere Erlaubnis des Regenten, auch da wo sie bisher waren, sollen sie im allgemeinen noch nicht als Gemeindebürger, sondern nur gleich anderen, zum Ortsbürgerrecht nicht geeigneten Christen, als Schutzbürger anerkannt werden . . ." (Regierungsblatt 1808, Nr. 18, S. 165 f.).

Dieser Ausschluß aus dem Ortsbürgerrecht hatte Folgen. In Gemeinden, wo bereits Juden ansässig waren, erhielten diese zunächst nur den Schutzbürgerstatus. Dies bedeutete, daß sie weder das aktive noch das passive Wahlrecht für die Gemeindeämter und die Gemeindeversammlung besaßen noch am Allmendnutzen teilnehmen durften. Außerdem aber – und dies war für den Verlauf des Emanzipationsprozesses in Baden weitaus folgenreicher – hieß es, daß Juden nur in Ausnahmefällen zünftig gebundene Gewerbe betreiben konnten, da diese an den Erwerb des Ortsbürgerrechts geknüpft waren. Auf der gegenseitigen Bedingung von Beruf und Bürgerrecht, allerdings in umgekehrter Abhängigkeit, wurde auch im 7. Konstitutionsedikt, dem eigentlichen Edikt der Juden, nochmals insistiert:

„§ 18: Niemand von jenen, welche dermalen noch nicht volle Ein und zwanzig Jahre alt sind, hat künftig Hoffnung zum Antritt eines Gemeinde- oder Bürgerrechts, mithin zu einer eigenen Niederlassung im Lande gelassen zu werden, er habe denn zu einem auch für Christen bestehenden Nahrungszweig sich befähiget" (Regierungsblatt 1809, Nr. 6, S. 29 f.).

Zu solchen Nahrungszweigen zählte das Edikt den „Kaufmannshandel", der an eine feste Ausbildung gebunden war, und den „freien Handel", bei dem diese Ausbildung entfiel und der auf den Handel mit Landeserzeugnissen (Vieh, Wein, Getreide) beschränkt war. Nicht akzeptiert wurde der „Nothandel", da auf ihm, „er werde von Christen oder Juden betrieben, der Verdacht des Wuchers ruhen bleibet". Hierunter fielen alle Arten von Zwischenhandel („Mäklerei"), insbesondere die Viehmäklerei, der Hausierhandel, der Trödelhandel sowie der Leihhandel – all jene 'typisch jüdischen' Berufe also, von denen der Gesetzgeber seine jüdischen Untertanen im Zuge seiner Verbesserungs- und Erziehungspolitik wegzuziehen bemüht war, ohne allerdings – durch die bedingungslose Zulassung zum Ortsbürgerrecht – für die notwendige Ausgangsbasis zu sorgen. Denn die Bestimmung des § 19 des 6. Konstitutionsedikts, wonach Juden in Gemeinden, wo bislang noch keine ansässig waren, nur mit Zustimmung der Gemeinde und des Regenten aufgenommen werden konnten, wirkte sich in der Praxis so aus, daß die Juden Badens weiterhin auf ein Zehntel der badischen Gemeinden beschränkt waren und daß vor allem die Städte des Oberrhein- und des Seekreises – Konstanz, Offenburg, Lahr und Freiburg – ihnen versperrt blieben. Damit aber waren der Aufnahme von Juden in Gewerbe und Handel, die sich ja zum großen Teil in den Städten konzentrierten, von vornherein enge Grenzen gesetzt.[3]

Das Bürgerrechtsgesetz und die Gemeindeordnung von 1831 verschärften die Trennlinie zwischen christlichen Vollbürgern einerseits und jüdischen minderberechtigten Bürgern andererseits. Während die Unterscheidung zwischen Orts- und Schutzbürgern für Christen jetzt endgültig fiel, blieben die Juden als einziger Bevölkerungsteil von der als vorbildlich und liberal geltenden Gemeindegesetzgebung ausgeschlossen (Regierungsblatt 1832, Nr. 8, S. 117 ff.). Und auch an der Tatsache, daß viele Gemeinden weiterhin Juden ausschlossen oder ihnen zwar die Niederlassung, nicht aber das Bürgerrecht gewährten, änderte sich nichts.

In Freiburg wurde den Juden nach 1806 immerhin das freie Betreten und der zeitweilige Aufenthalt in der Stadt zugebilligt. Infolge dieser Lockerung ließ man 1809 erstmals wieder eine jüdische Wirtschaft zu, allerdings erst auf Veranlassung der Regierung und gegen den anfänglichen Widerstand der Zünfte. Inhaber war der Freiburger Gastwirt Lorenz Steiert, der diese Lizenz an den Eichstetter Juden Heinrich Weil verpachtete. Dieser behielt sie zeit seines Lebens, auch als die Pacht einige Jahre später wieder von der Stadt übernommen wurde. Offensichtlich trug das korrekte Verhalten Weils und seine zurückgezogene Lebensweise nicht unerheblich zu einem langsamen Abbau des Mißtrauens der Stadtverwaltung bei.[4]

Im Laufe der Jahre müssen sich daher immer wieder Juden in Freiburg, auch für längere Zeit, aufgehalten haben. In der Volkszählung von 1846 wurden immerhin 20 Juden erfaßt, die ausnahmslos im Gebiet der Stadt selbst (also nicht in den Vorstädten Herdern und Wiehre) lebten oder sich zeitweise dort aufhielten. Soweit es sich feststellen ließ, waren dies folgende Personen:

1. der „israelitische Wirt" Jacob Uffenheimer und dessen Tochter Barbara (Grünwäldergasse Haus Nr. 675),
2. Stiftungsrevisor Sebastian Springer (wohnhaft bei Witwe Schweizer, Viehmarkt Haus Nr. 678a),
3. Rechtsanwalt Nephtali Näf (wohnhaft bei Weinhändler K. Grünfelder, Salzgasse Haus Nr. 503, also

in unmittelbarer Nachbarschaft des Regierungsgebäudes),

4. Max Weil, der Sohn des ersten Freiburger Judenwirts der neueren Geschichte, der sich vorläufig als Skribent am Freiburger Theater seinen Lebensunterhalt verdiente (wohnhaft bei Theresia Heisler, Jesuitengasse Haus Nr. 307),
5. Putzmacherinnen Sophie und Wilhelmine Weil (ebenfalls bei Theresia Heisler),
6. Student Leo Breisacher aus Emmendingen (wohnhaft in der Dauphinstr. Haus Nr. 445).[5]

Aus dieser Übersicht wird deutlich, daß sich in Freiburg aufhaltende Juden auf ganz wenige Berufsarten beschränken mußten: den Staatsdienst und die freien Berufe. Bis zum Jahre 1849 scheinen sie unbemerkt in Freiburg gelebt zu haben. Erst mit der Bewerbung Näfs um das Bürgerrecht im Jahre 1849 wurde die Frage der „Juden in Freiburg" erneut aktuell.

2. Der Verlauf der Emanzipationsgesetzgebung in Baden (1846-1849)

Die „Wende von 1846" und die Anfänge einer katholischen Opposition

Die entscheidende „Wende von 1846" in der Geschichte der badischen Judenemanzipation (Reinhard Rürup) wurde durch die Frage nach dem rechtlichen Status der Deutschkatholiken ausgelöst. Laut Verfassung konnten nur die Angehörigen der römisch-katholischen und der protestantischen Konfessionen die vollen Rechte der Staatsbürgerschaft beanspruchen. Mit der Abspaltung der Deutschkatholiken von der katholischen Kirche drohte jenen daher der Verlust ihrer politischen Rechte. Um dieser Gefahr zu begegnen, brachte der Abgeordnete Zittel am 15. Dezember 1845 in der Zweiten Kammer der Landstände eine Motion auf Religionsfreiheit ein. In Folge der scharfen Auseinandersetzungen der Liberalen und Radikalen mit der konservativen Regierung um diese Frage wurde der Landtag aufgelöst. Das Thema Religionsfreiheit geriet somit zum Hauptthema der Wahlkämpfe, die 1846 zur Neuwahl der Zweiten Kammer stattfanden. In der neuen Kammer überwogen nun – wider Erwarten der Regierung – die liberalen und radikalen Kräfte. Damit war nicht nur die Frage der Deutschkatholiken zu deren Gunsten entschieden, auch die Lösung der Judenemanzipation schien in greifbare Nähe zu rücken. Am 7. August 1846 stellte der radikale Abgeordnete Brentano den Antrag auf politische und gemeindebürgerliche Gleichstellung der Juden, der mit 35 gegen 16 Stimmen angenommen wurde.[6]

Zu den Gegnern des Entwurfes zählte der Freiburger Franz Joseph Buß, Abgeordneter des 7. Ämterwahlbezirks (Säckingen), der sich selbst als Vertreter der Interessen der katholischen Kirche im Landtag verstand. Er gehörte zu jenem kleinem Kreis, der sich in Freiburg um Archivdirektor Mone, den Freiherrn von Andlaw und den Theologieprofessor Staudenmeier zur Förderung des katholischen Lebens und zum Kampf gegen den inner- wie außerkirchlichen Liberalismus gebildet hatte.[7] Innerhalb der Stadt selbst wurde diese, später als „ultramontane Partei" verrufene Gruppe von der Mehrzahl der Bürger eher mit Mißtrauen beäugt, auch fand sie keineswegs die offizielle Unterstützung des Erzbischofs oder der Theologischen Fakultät. Doch war ihr Handlungsspielraum möglicherweise gerade deswegen um so größer, was die Art und Weise ihrer politischen Aktivitäten betraf. 1845 wurde das fünf Jahre zuvor gegründete „Süddeutsche katholische Kirchenblatt", das sich bislang als rein kirchliches Organ verstanden hatte, in die „Süddeutsche Zeitung für Kirche und Staat" umgewandelt und damit eine der ersten politischen Zeitungen für die Sache des Katholizismus geschaffen. Unter dem Motto „Gott und unser Recht!" zog sie ab 1846 gegen die ihr übermächtig erscheinende liberale und radikale Presse zu Felde.[9] Ihre Polemik enthüllte dabei, wie im folgenden zu zeigen sein wird, ein Judenbild, das spätere antisemitische Polemiken aus dem Kulturkampf der sechziger und der siebziger Jahre vorwegnahm.

Die Angriffe der „Süddeutschen Zeitung" zielten zunächst einmal auf die durch die Abspaltung der

Deutschkatholiken aktuell gewordene Frage nach dem Verhältnis von Staat und Kirche und mündeten in einer umfassenden Kritik am badischen Staatskirchensystem, das die katholische wie die protestantische Kirche der Oberhoheit der staatlichen Behörden auch in Angelegenheiten unterwarf, die als rein kirchliche empfunden wurden.[10] Als im August 1846 in der Zweiten Kammer ein Antrag auf Erteilung der politischen Rechte an die Deutschkatholiken die Zustimmung der radikalen und liberalen Mehrheit fand, erhob Buß seine Gegenstimme und kündigte eine Motion „auf die Wiederherstellung der Freiheit und Selbständigkeit der katholischen Kirche in Baden" an. Sein Antrag, dessen Begründung die „Süddeutsche Zeitung" in voller Länge abdruckte, wurde von der Zweiten Kammer nicht in die Abteilungen verwiesen, d.h. abgelehnt. In der Motionsbegründung gab Buß seiner Enttäuschung über den Ausgang der Debatten um Deutschkatholiken und Judenemanzipation Ausdruck. In Folge davon, argumentierte er, sei „der christliche Staat durch das Stimmenmehr dieses Hauses abgeschafft". Er konstruierte daraufhin eine Interessengemeinschaft von „gläubigen" Katholiken und Protestanten, den „positiven Christen", gegen „das einreißende neue Heidenthum, das sich aus abgefallenen Katholiken, Protestanten und Juden sammelt, das, nur im Unglauben und im Hasse gegen das Göttliche einig, unsere Kirchen, wie unsere Staaten zu zerstören droht".[11]

In ein solches Idealbild eines „christlichen Staates" paßten Juden – ebenso wie Deutschkatholiken – als gleichberechtigte Bürger nicht hinein. Bereits im polemischen Kampf gegen die Deutschkatholiken waren Seitenhiebe gegen Juden gefallen, die man der Kooperation mit der neuen Sekte bezichtigte. Die „neue Religionsmischung" roch verdächtig nach Reform und Revolte gegen die bestehende Kirche und verwischte – zum Entsetzen eines jeden „positiven" Katholiken – selbst konfessionelle Unterschiede:

„Es begibt sich somit eine Mischung der s(o)g(enannten) Reformkatholiken, Reformjuden und Reformprotestanten, und diese bilden zusammen die gepriesene 'Reformation des neunzehnten Jahrhunderts' ..." (Süddeutsche Zeitung Nr. 13 vom 13.1.1847, S. 52).

An der nicht gerade zimperlichen Art und Weise des Umgangs der „Süddeutschen Zeitung" mit den Deutschkatholiken – so fällt unter anderem der Ausdruck „Rongesches Ungeziefer"[12] – gemessen, ist der Ton Juden gegenüber immerhin anfangs noch gemäßigt zu nennen. Je stärker sich aber die Zweite Kammer ab 1846 für die vollständige Emanzipation der Juden einsetzte, desto härter wurden auch die Töne gegenüber den Juden. Ohnehin wurden Liberale und Juden politisch in eins gesetzt: Für die „Süddeutsche Zeitung" bestand kein Zweifel daran, daß „das Judenthum den Liberalismus als natürlichen Verbündeten betrachtet und umgekehrt, und zur Zeit nur noch nicht entschieden ist, wer dabei am meisten überlistet wird" (Süddeutsche Zeitung Nr. 181 vom 26.8.1846, S. 754). Wo es um die Presse ging, wurden Juden und Radikale fast zu Synonymen; wo sich der Blick auf die Zuschauergalerie der Zweiten Kammer richtete, fiel er fast automatisch auf die dort angeblich den Hauptteil des ungebärdigen Publikums bildenden „Judenbuben".[13] Was Einzelheit und Randbeobachtung scheinen könnte, findet seine Ergänzung in einer fundamentalen Kritik am parlamentarischen System überhaupt: Der ständig – natürlich unrechtmäßig – aufbegehrenden Zweiten Kammer wird das Idealbild einer loyal den „Landesherrn" unterstützenden ständischen Versammlung entgegengehalten.[14] Parlamentarismuskritik und, damit verbunden, erste Anzeichen von politischem Antisemitismus zeigten sich also bereits zu einer Zeit, in der das parlamentatische System noch nicht einmal vollständig ausgebildet war.

Auch in einer anderen Beziehung zeigt sich die vor allem von Buß initiierte katholische Opposition erstaunlich modern: Im Parlament eine verschwindende Minderheit (außer Buß selbst sah sich in der Zweiten Kammer niemand als katholischer Vertreter an), rief Buß 1846, in Reaktion auf die Motion Zittels, eine Petitionsbewegung hervor, die zwar die Deutschkatholikenfrage nicht überlebte – schon die Neuwahlen nach der Landtagsauflösung wurden für Buß und seine Anhänger zum Desaster, da außer ihm selbst keiner von den katholischen Vertretern gewählt wurde –, die aber doch für den damaligen Stand des politischen Lebens Badens erstaunlich war.[15] Die Bedeutung dieser „Majorität außerhalb der Kammer, die selbst für die Deputierten beachtenswert" (Süddeutsche Zeitung Nr. 28 vom 13.2.1846, S. 116) war, lag darin, daß erstmals in Baden eine Politik unter Berufung auf eine Bevölkerungsgruppe eingeleitet wurde, die im bisherigen Wahlsystem benachteiligt war: die – vorwiegend katholische – Landbevölkerung des Oberrheinkreises. Mehrere Artikelserien setzten sich mit der sozialen Lage der Bauern und der Gewerbetreibenden auf dem Land und in den kleinen Städten und Gemeinden auseinander und versuchten, die Zeiterscheinungen in ein katholisch geprägtes Weltbild zu integrieren. Fluchtpunkt und Wunschbild war dabei das Ideal einer christlich geprägten, ständisch gegliederten Gesellschaft auf der Grundlage einer funktionierenden Agrar- und Naturalwirtschaft.[16]

In diesem Weltbild erschienen Juden, verkörpert beispielsweise in der Person des französischen Barons von Rothschild, als die Inkarnation der „grausamste(n) und selbstsüchtigste(n) aller Aristokratien, (der) Geldaristokratie". In einem weiteren Artikel wurde Rothschild unter der Überschrift „Rothschild der Geldherrscher" als einer der Hauptvertreter des „Geldjudenthums" dargestellt.[17]

Somit wurden gerade zu dem Zeitpunkt, als die liberalen Landtagsabgeordneten ihre bisherigen Bedenken gegen die vollständige Emanzipation der Juden zugunsten des Prinzips allgemeiner Religionsfreiheit zurückdrängten, die gleichen Argumente, welche die Debatten seit 1830 bestimmt hatten, von der Gegenseite aufgegriffen und zu politischen Zwecken eingesetzt. Dabei konnte sich die katholische 'Partei' zusätzlich zugute halten, daß sie die 'Stimme des Volkes' auf ihrer Seite hatte und es ihr mit ihrer Petitionsbewegung immerhin gelungen war, eine außerparlamentarische Willensäußerung zu demonstrieren, gegen die die Zweite Kammer – die durch das geltende Wahlrecht hauptsächlich das städtische Bürgertum repräsentierte – besonders anfällig war. Für die Frage der Judenemanzipation galt dies erst recht, wie die Ereignisse von 1848 zeigen sollten.

Der Ausbruch der Revolution 1848

Die Revolution von 1848 begann für die Juden Badens nicht allein mit der Hoffnung auf die endgültige Emanzipation – am 2. März hatte die Zweite Kammer die von den Radikalen eingebrachten zwölf Revolutionsforderungen angenommen, deren dritter Punkt die Forderung nach politischer Gleichberechtigung aller Konfessionen stellte –, sondern sie begann auch mit der Furcht vor Judenkrawallen. Diese brachen in der Tat kurz darauf aus und standen in engem Zusammenhang mit den bäuerlichen Revolten gegen noch bestehende adlige Grundherrschaften.[18] Die Regierung nahm zwar den Agrarunruhen durch die Beseitigung aller Reste feudaler Abhängigkeiten gerade noch rechtzeitig die Spitze, doch hatte die Demonstration vorhandender antijüdischer Ressentiments auf dem Lande genügt, um den weiteren Gesetzgebungsverlauf entscheidend zu beeinflussen.

Auch im Oberrheinkreis kam es im März 1848 zu Ausschreitungen gegen Juden. Müllheim war dabei besonders betroffen:

„In unserer Nähe sind gestern allerlei bedauerliche Unfälle vorgekommen. So soll es zu Müllheim zu feindlichen Demonstrationen gegen einige Juden gekommen sein, was unserer aufgeklärten Zeit nicht gut ansteht, und in Emmendingen sollen einige Fremde bei Nacht eingezogen sein, um wie man erzählt, Brandstiftung auszuüben. Die Bürger von Emmendingen aber hätten sie gebührend im Empfang genommen. Wir erwähnen diese Dinge blos, um übertriebenen Gerüchten vorzubeugen, zugleich aber auch, um zu zeigen, wie nothwendig es ist, daß alle Mittel aufgeboten werden, damit die Ordnung aufrecht erhalten und die freie Entwicklung des Volkslebens nicht compromittiert werde" (Freiburger Zeitung Nr.66 vom 6.3.1848).

Eine Erklärung des bedauerlichen Vorfalles wurde gleich am nächsten Tag nachgereicht:

„Allen Mißdeutungen vorzubeugen, mag bemerkt werden, daß die Judenverfolgung ihren Grund durchaus nicht in Religionshaß, sondern in allerlei örtlichen und persönlichen oder ganz zufälligen Verhältnissen hat. Meistens mögen wohl bittere Erfahrungen des niederen Volkes über Schacherei die Aufregung veranlaßt haben, wozu noch kommt, daß kürzlich viele flüchtige Juden aus dem Elsaß in unsere Gegend gekommen sind und man nun fürchtete, diese möchten sich wie einige früher eingewanderte und besonders unbeliebte Judenfamilien bei uns einnisten. So traurig die hier vorgekommenen Erscheinungen sind, so muß schließlich doch noch erwähnt werden, daß durchaus nichts geraubt worden ist" (Freiburger Zeitung Nr. 67 vom 7.3.1848).

Während die „Freiburger Zeitung" somit vom Standpunkt des liberalen, städtischen Bürgertums urteilte, das – nicht zuletzt aus Furcht vor Ausschreitungen allgemeinerer Art gegen die „Sicherheit des Eigenthums und der Personen" – sich auf die Seite der Juden stellte und für Ruhe und Ordnung plädierte,[19] war die Reaktion der „Süddeutschen Zeitung" gemischt. Zwar verurteilte auch sie die tätlichen Ausschreitungen und befürwortete die Notwendigkeit einer Bürgerwehr, was jedoch die Ursache der Krawalle, nämlich die Opposition gegen die „Emanzipation der Juden und Rongeaner" betraf, war sie mit der Meinung des Landvolks durchaus einverstanden:

„Wie sehr aber die Gleichstellung der Rongeaner mit den anerkannten christlichen Confessionen dem Willen des katholischen Volkes wiederstrebe (sic), hat dieses vor zwei Jahren in zahlreichen Petitionen ausgesprochen; und wie sehr die Emancipation der Juden dem Volke zuwider ist, zeigen die neuesten Auftritte gegen die Juden in verschiedenen Theilen des Landes. Wir beklagen diese thätlichen Kundgebungen des Volkswillens, wünschen aber dagegen, daß das Volk seine Gesinnung über die erwähnte Religionsfreiheit wieder auf *gesetzlichem Wege*, d.h. durch *Petitionen* zur Belehrung der Regierung und der zweiten Kammer darlege" (Süddeutsche Zeitung Nr. 57 vom 10.3.1848).

Die Einsicht der Landbevölkerung in jene von der „Süddeutschen Zeitung" angenommenen Implikationen der Judenemanzipation für die Frage des Verhältnisses von Staat und Kirche spiegelte wohl eher das Wunschdenken der katholischen Partei wider; für die Landbevölkerung gaben andere Motive den Ausschlag. Die durch die Folgen der Zehntablösung verschuldeten Bauern waren durch eine seit 1845 andauernde Agrarkrise in eine angespannte finanzielle Lage geraten, und so richteten sich die antijüdischen Ausschreitungen in erster Linie gegen Juden als Kreditgeber.

Die wirtschaftliche Dimension der Judenkrawalle bildete jedenfalls auch in der Einschätzung der Zeitgenossen den Hauptpunkt. In der Debatte der Zweiten Kammer vom 9. März wiesen Liberale und Radikale gleichermaßen auf die Folgen der einseitigen Berufsstruktur der jüdischen Bevölkerung und auf die Notwendigkeit der vollständigen Emanzipation hin. Daß dabei zuweilen ein etwas pathetischer Ton angeschlagen wurde, der die Schuld zu leicht auf die Juden selbst abwälzte, möge die Stellungnahme des Freiburger Fabrikanten Mez (Abgeordneter für Bonndorf) verdeutlichen:

„Ich möchte in der jetzigen Zeit den Juden zurufen, sie sollten doch erkennen, *daß auch sie eine sehr große Schuld auf sich tragen,* daß sie eine lange Reihe von Jahren hindurch den Groll vieler Bürger durch den *niedrigsten Schacherhandel* und die *gehässigsten Wuchergeschäfte* auf sich herabgezogen haben. Ich rufe ihnen zu, diese entehrenden Handtierungen jetzt zu verlassen, sich mehr und mehr dem Ackerbau und Handwerken zu widmen, und die Bruderhand der Versöhnung, die wir ihnen darbieten, zu ergreifen und zu uns heranzuschreiten" (Lautenschlager, Volksstaat, S. 47).

Diese Stellungnahme übersah nun freilich, daß einer Berufsumschichtung der Juden immer noch – aufgrund des unvollständigen Ortsbürgerrechts – entscheidende Barrieren in den Weg gelegt waren.

Die Frage des Gemeindebürgerrechts stellte im weiteren Verlauf der badischen Gesetzgebung das Hauptproblem dar. Die Vorfälle in Gemeinden, wo Juden unter dem Druck der Verfolgung freiwillig auf ihre bereits erworbenen Ortsbürgerrechte verzichtet hatten, ließen Kammer und Regierung vorsichtig werden. In dem von Zittel am 7. April erstatteten Kommissionsbericht begründete er den Gesetzesvorschlag zur Gleichstellung der Konfessionen folgendermaßen:

„Die gemeindebürgerlichen Rechte sind darin nicht berücksichtigt. Dies ist nur in Beziehung auf die Israeliten von Bedeutung, indem für die übrigen Confessionen hierin kein Unterschied besteht. Der Grund davon liegt theils darin, daß ein Gesetz über die gemeindebürgerliche Gleichstellung einer sehr sorgfältigen Erwägung und Berücksichtigung der Interessen der einzelnen Gemeinden und ihrer christlichen Einwohnerschaft bedarf, wenn nicht dadurch wenigstens für den Augenblick große Unbilligkeiten und Verletzungen hervorgerufen werden sollen, wodurch das Mißtrauen und der Haß gegen die Israeliten nur vermehrt und in Folge dessen ihre Lage eher verschlimmert als verbessert würde. Wir können es darum in dem Hinblick auf die gegenwärtig vorherrschende Stimmung nur billigen, daß die Regierung mit der Vorlage über die gemeindebürgerliche Gleichstellung der Israeliten einstweilen noch zuwartet, bis die jetzige, den Israeliten ungünstige sehr stürmische Aufregung vorüber ist" (Verhandlungen der badischen Ständekammer, 7. Beilagenheft, S. 103).

Der Gesetzesentwurf wurde am 13. Mai ohne lange Debatte mit nur einer Gegenstimme angenommen und an die Erste Kammer weitergeleitet. Dort wurde er – in Einvernehmen mit der Regierung – verzögert und erst am 13. Februar 1849 als Gesetz verabschiedet.[20] Auf wiederholte Anfragen des Abgeordneten Lamey in der Zweiten Kammer erklärte Ministerialpräsident Bekk in der Ersten Kammer, daß die Verschiebung im Interesse der Sache selbst liege und man das in Aussicht gestellte Reichsgesetz abwarten wolle.[21]

Dieses Reichsgesetz, nämlich die Grundrechte des deutschen Volkes, wurde am 27. Dezember 1848 in der Frankfurter Nationalversammlung verabschiedet und am 18. Januar 1849 im badischen Regierungsblatt mit dem Bemerken publiziert, „daß die Entwürfe der zum Vollzug erforderlichen Gesetze den Ständen werden vorgelegt werden" (Regierungsblatt Nr. 2 vom 18.1.1849, S. 13 ff.). Die badische Regierung hatte nämlich in bezug auf einige Paragraphen der Grundrechte – darunter fiel auch der in unserem Zusammenhang wichtige § 3 über das Recht jedes Deutschen, „an jedem Orte des Reichsgebietes seinen Aufenthalt und Wohnsitz zu nehmen, Liegenschaften jeder Art zu erwerben und darüber zu verfügen, jeden Nahrungszweig zu betreiben, das Gemeindebürgerrecht zu gewinnen" (ebd., S. 14) – in einem Einführungsgesetz bestimmt, daß „in Beziehung auf Aufenthalt, Wohnsitz und Gewerbebetrieb" diese Bestimmungen nur „unter Vorbehalt der in Aussicht gestellten Reichsgesetze" in Kraft treten sollten und daß bis dahin „die betreffenden Verhältnisse der Landesgesetzgebung unterworfen" blieben (ebd., S. 21). Durch den Schlußsatz der Grundrechte, daß alle zu ihm in Widerspruch stehenden Landesrechte außer Kraft träten, war nun die bisherige Verschleppungspolitik der Ersten Kammer unmöglich geworden, und so wurde am 13. Februar 1849 das „Gesetz die Aufhebung der Beschränkung staatsbürgerlicher Rechte aus Rücksichten der Confession betreffend" verabschiedet und am 17. Februar publiziert. Die gemeindebürgerlichen Rechte wurden nicht erwähnt, der neuformulierte § 19 der Verfassung – „Die politischen Rechte aller Religionstheile sind gleich" – war vage belassen worden.[22] Was unter diesen „politischen" Rechten zu verstehen sei, und wieweit die Grundrechte in Baden Gültigkeit beanspruchen konnten, war die Frage, die sich dem jüdischen Rechtsanwalt Nephtali Näf stellte, als er sich im Februar 1849 als erster Israelit um das Freiburger Ortsbürgerrecht bewarb.

3. Der Fall Näf (1849-1851)

Die Ereignisse

„In Freiburg erhält (am) 27. Februar 1849 ein Israelit die Bürgeraufnahme. Ein heftiger, in Flugschriften ausgefochtener Meinungsstreit, ob überhaupt Israeliten in Freiburg aufgenommen werden sollen, knüpft sich daran. Die Befürworter der Aufnahme weisen darauf hin, daß reiche Israeliten Häuser kaufen werden, die Gegner, daß die Handelsleute Konkurrenz bekommen. Keine Spur von Prinzipien, von Ideen ist zu entdecken; nur Vorteil oder Schaden bestimmt die Ansichten. Diesem ersten jüdischen Bürger Freiburgs, dem hervorragenden Juristen Rechtsanwalt Naphtali (sic) Näf aus Wangen, wird am 16. Juni 1850 das Bürgerrecht vom Gemeinderat wieder genommen, weil die Ortsgemeinde oder der große Ausschuß und nicht, wie geschehen, der Gemeinderat mit dem kleinen Ausschuß den Beschluß hätte fassen sollen" (Lewin, Geschichte der badischen Juden, S. 287).

Dieser Fall, den der ehemalige Freiburger Rabbiner Adolf Lewin in seiner Geschichte der badischen Juden berichtet, soll im folgenden genauer beleuchtet werden. Dabei ist zu fragen, welche Motive die Bürgeraufnahme Näfs bewirkt haben, aus welchen Gründen sich der Protest erhob und von welchen Bürgern er getragen wurde. Dabei stellte sich zunächst als erschwerend die Tatsache heraus, daß von dem angeblich in Flugschriften ausgetragenen „Meinungsstreit" sich nur noch ein einziges Pamphlet erhalten hat. Vorhanden sind dagegen – im Stadtarchiv Freiburg bzw. im Generallandesarchiv Karlsruhe – die Akten der Gemeinde- und Staatsbehörden bezüglich der Bürgeraufnahme Näfs. Der Fall wurde nämlich von Näfs rührigem Anwalt durch alle Instanzen bis hin zur obersten Staatsbehörde, dem Großherzoglichen Staatsministerium, verfolgt, so daß er tatsächlich als Präzedenzfall dienen kann, der die aufgezeigte ambivalente Rechtslage in Baden erhellen kann. Da der Prozeß sich über zweieinhalb Jahre zwischen Revolution und Reaktion hinzog – er wurde vor dem endgültigen Scheitern der Nationalversammlung und vor dem Mai-Aufstand in Baden aufgenommen und endete unter den Bedingungen der preußischen Besatzung und des Kriegszustandes –, ist es möglich, den Einfluß dieser gegensätzlichen politischen Konstellationen auf den Rechtsstreit zu untersuchen.

Aber nicht nur der Weg durch alle Instanzen war es, der den Einzelfall Näf in den allgemeinen Kontext des Emanzipationsprozesses in Baden stellte, auch einer der Beteiligten spielte eine über den Fall Näf hinausgehende Rolle: Näfs Anwalt war kein anderer als August Lamey, der spätere Innenminister der „Neuen Ära", von dem die entscheidende Initiative zum endgültigen Abschluß der Judenemanzipation in Baden ausging. Er war seit 1849 als Advokat und Prokurator beim Hofgericht des Oberrheinkreises in Freiburg tätig und daher ein Kollege Näfs, der seinerseits seit 1847 als Rechtspraktikant dort angestellt war. Neben den beruflichen Kontakten müssen auch private Beziehungen zwischen den beiden Männern bestanden haben; so wird in Lameys Biographie erwähnt, daß Näf zu den Freunden des Hauses gehört habe.[23] Wichtig ist jedenfalls zu bemerken, daß der erste jüdische Bewerber um das Freiburger Bürgerrecht dem Kreis der in der Stadt lebenden Staatsbeamten entstammte. Als solcher war ihm von der Regierung das Niederlassungsrecht in Freiburg erteilt worden, das jedoch – auch in Fällen christlicher Beamter – nicht notwendigerweise das Ortsbürgerrecht einschloß.

Unter Berufung auf die Grundrechte des deutschen Volkes und das Gesetz vom 17. Februar legte Näf bereits am 26. Februar 1849 sein Gesuch um „bürgerliche Annahme in der Gemeinde Freiburg" für sich und seine Frau Henriette dem Gemeinderat vor (StadtAF, C 1 Bürgerannahmen 45). Schon am nächsten Tag bewilligte dieser, unter Leitung des amtierenden Bürgermeisters Josef von Rotteck und unter Hinzuziehung des kleinen Bürgerausschusses, das Gesuch (StadtAF, B5 Ratsprotokolle 1849). Gegen Bezahlung der gesetzlich vorgeschriebenen Einkaufsgelder und der von der Gemeinde erhobenen Gebühren für „Holzgenuß", „Feuerwehr", Beurbarungskasse sowie den Armen- und Waisenfonds waren Näf und seine Frau in die Freiburger Gemeinde als Bürger aufgenommen (StadtAF, C 1 Bürgerannahmen 45).[24]

In den beiden wichtigsten Freiburger Zeitungen, der offiziellen, gemäßigt-liberalen „Neuen Freiburger Zeitung", und der von Buchhändler Emmerling herausgegebenen, radikal-demokratischen „Oberrheinischen Zeitung", erschienen am nächsten Tag die Meldungen der Bürgerannahme. Während die „Neue Freiburger Zeitung" sich auf die bloße Mitteilung beschränkte (Nr. 50 vom 28.2.1849), gab die „Oberrheinische Zeitung" einen enthusiastischen Kommentar zu diesem „wichtige(n) Schritt zur Annäherung der Israeliten an die innigere Verbrüderung mit ihren christlichen Mitbürgern" und verlieh der Hoffnung Ausdruck, daß die „grundrechtliche Gleichberechtigung aller Confessionen" den Juden zugleich den Weg in die vollständige Assimilation eröffnen möge (Nr. 50 vom 28.2.1849). Offensichtlich sah sich Herausgeber Emmerling, der gleichzeitig als Obmann des Bürgerausschusses eine wesentliche Rolle bei Näfs Bürgerannahme gespielt haben muß, genötigt, mit seinem Artikel möglichen Einwänden zuvorzukommen.

Die Sorge war berechtigt. Tags darauf erschien in der „Neuen Freiburger Zeitung" ein Leserbrief, der als Reaktion auf Angriffe gegen den Gemeinderatsbeschluß bemüht war klarzustellen, daß dieser aufgrund der rechtlichen Lage nicht nur zulässig, sondern auch das durch „Pflicht und Ehre" Gebotene war. Dessen Gegnern warf er vor, daß sie sich durch Vorurteile bestimmen ließen und meinte:

„Wenn diejenigen, welche gegen die Annahme der (sic!) Israeliten sich fortan erklären, so viel Stärke besitzen, um sich über Vorurtheile hinaus zu schwingen, wenn sie also prüfend zu Werke gehen, so werden sie zur Überzeugung gelangen müssen, daß der Gemeinderath und Ausschuß nur das gethan haben, was durch Pflicht und Ehre geboten war, sie werden sich aber auch überzeugen, daß die Aufnahme der Israeliten, die doch wahrhaft auch Menschen sind, wie andere, für die *Gesammtheit* nicht nur nicht schädlich, sondern sogar nutzbringend sein muß" (Neue Freiburger Zeitung Nr. 52 vom 2.3.1849).

Der voraussichtliche „Nutzen" bestand laut Meinung des Schreibers darin, daß durch den Zuzug reicher jüdischer Familien der „ohnehin in neuerer Zeit gesunkene Häuserwerth wieder sehr gehoben, und Handel und Gewerbe einen neuen Aufschwung gewinnen" würden. Schließlich gab der anonym bleibende Verfasser einen Hinweis darauf, aus welchen Kreisen die Opposition sich erhoben haben könnte – aus dem Handelsstand nämlich:

„Daß dabei *einzelne* Handelsleute wegen vermehrter Konkurrenz etwas leiden können, ist nicht zu ändern, darf aber auch nicht in Anschlag kommen, wo die *Gesammtheit* wesentlichen Nutzen zieht" (ebd.).

Dieser Leserbrief veranlaßte offensichtlich die Gegner der Bürgerannahme, der „Neuen Freiburger Zeitung" eine Gegendarstellung einzuschicken, die diese aber weder als Leserbrief noch als Inserat gegen Bezahlung aufzunehmen bereit war. Durch diese Parteilichkeit erbost, entschloß sich eine „Anzahl hiesiger Bürger", ihren Protest als Flugschrift zu drucken und zu verteilen. Sie wiesen in ihm auf die keineswegs so eindeutige Rechtslage hin und wandten sich dagegen, daß bei diesem Fall die Gemeinde übergangen und dadurch in ihren Rechten verletzt worden sei. Solange jedenfalls die

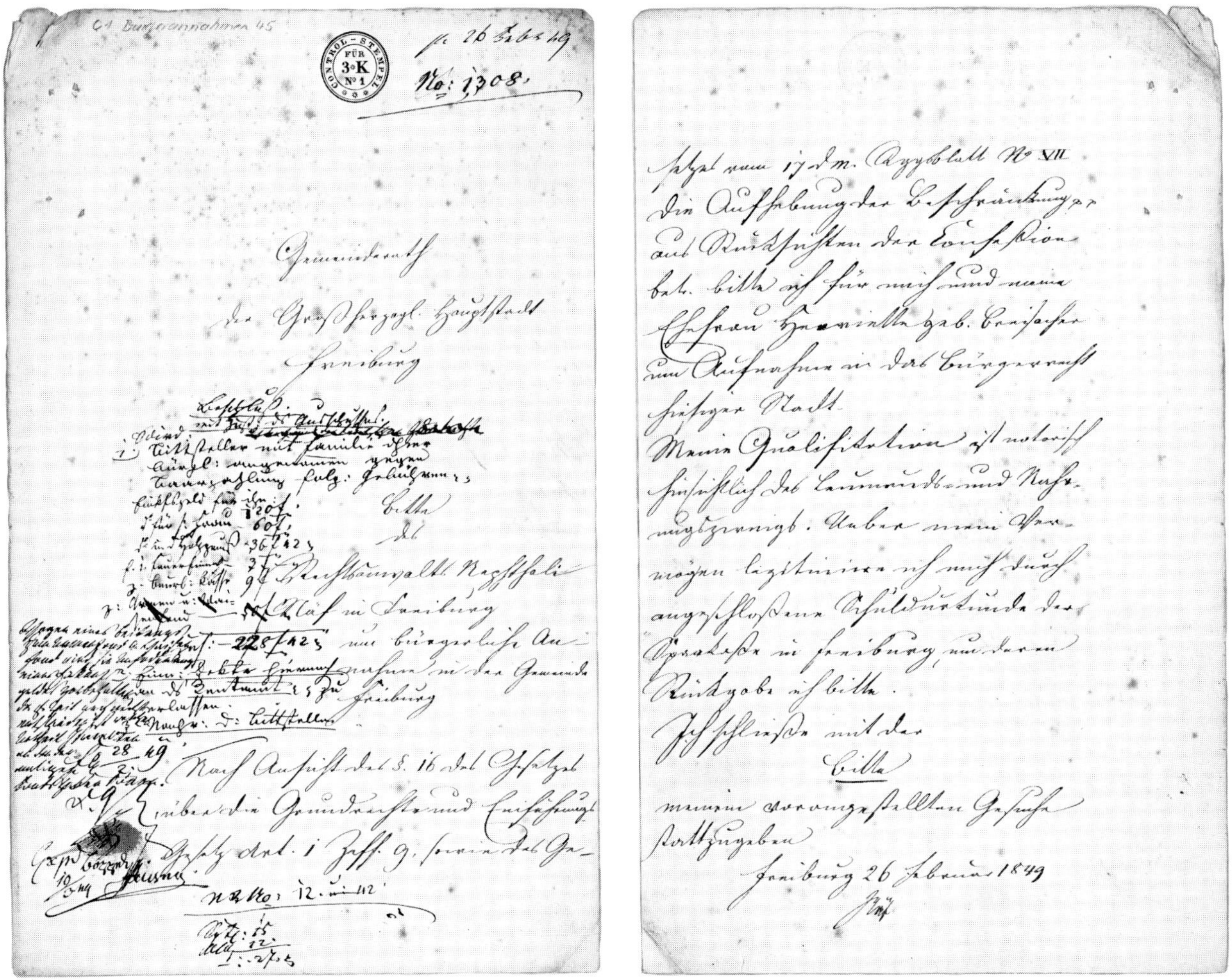

Gesuch Nephtali Näfs um bürgerliche Annahme in der Gemeinde Freiburg vom 26. Februar 1849
StadtAF, C1 Bürgerannahmen 45 Buchstabe N

Grundrechte noch nicht durch die entsprechenden Vollzugsgesetze ergänzt worden seien, solange solle man doch alles beim Alten belassen. Gerade was die Emanzipation der Juden beträfe, hätte man „warten können, bis nützlichere und erfreulichere Güter aus der Reichsversammlung einzuführen gewesen wären". Dem Argument des „Nutzens", das der Leserbriefschreiber ins Feld geführt hatte, begegneten sie mit Skepsis:

„Glaubt der Vertheidiger, daß die Juden die Stadt Freiburg erheben werden? Laßt die Ordnung und Sicherheit und das Vertrauen wieder eintreten, dann werden die Häuserwerthe der Stadt Freiburg wieder rasch steigen, wie sie es früher waren ohne Juden. Wer das Heil von den Juden erwartet, mag ein gutmüthiger Schwärmer seyn, aber ein praktischer, erfahrener und kluger Kopf ist er sicher nicht" (StadtAF, C 1 Judensachen 1417-1869).

Trotz aller Opposition sahen sich jedoch die Verfasser des Flugblatts veranlaßt, in einem Nachsatz zu versichern, daß sie – sowie die Rechtslage eindeutig sei – als „ächte Deutsche" sich willig fügen würden.

Bislang waren noch keine Namen genannt worden, die Aufschluß über jene Bürger geben könnten, die der Aufnahme Näfs feindlich gegenüberstanden. Am 19. März jedoch reichte eine Gruppe von 50 Bürgern unter Führung des Präsidenten der Handelskammer, Benedikt von Hermann, beim Gemeinderat ein mit ihren Unterschriften versehenes Protestschreiben ein, in dem sie auf die Gültigkeit der alten Gesetze verwiesen, wo es sich um die erstmalige Aufnahme von Israeliten in Gemeinden handle (StadtAF, C 1 Bürgerannahmen 45). Der Gemeinderat lehnte jedoch unter Berufung auf die neuen Gesetze ihr Ansuchen ab, den Fall – wie es nach den alten Gesetzen erforderlich gewesen wäre – der Gemeindeversammlung zur Abstimmung vorzulegen (ebd. und StadtAF, B 5 Ratsprotokolle 1849).

Mittlerweile war aber die Gruppe um von Hermann bereits anderweitig aktiv geworden: eine Woche *vor* dem Protestschreiben an den Gemeinderat, am 12. März, hatte sie eine Delegation nach Karlsruhe geschickt, die beim Innenministerium (!) wegen der Annulierung der mißfälligen Bürgerannahme vorstellig wurde.[25] Schon dieser Schritt läßt erkennen, daß es sich bei dem ganzen Fall Näf nicht um die Frage persönlicher Ablehnung Näfs handelte. Vielmehr ging es um die Frage der prinzipiellen Öffnung Freiburgs für jüdische Niederlassung, die dadurch ermöglicht worden wäre. Ob sie tatsächlich stattgefunden hätte, ist fraglich. Als einige Wochen später, am 24. April, ein Israelit namens Karl Weil Weidenreich die Bitte um bürgerliche Aufnahme stellte, lehnte der Gemeinderat dies unter Berufung auf seinen Beschluß vom 23. März vorerst ab.[26]

Auf dem üblichen Instanzenweg (Innenministerium – Regierung des Oberrheinkreises – Stadtamt Freiburg) erging auf die Initiative der Beschwerdeführer offenbar Weisung an das Stadtamt, Genaueres über den Fall zu berichten, und wohl auf entsprechende Anfrage erstattete Bürgermeister von Rotteck im Namen des Gemeinderats am 8. April den Bericht, in dem er auf der Rechtmäßigkeit des Gemeinderatsbeschlusses bestand. Das Stadtamt verfaßte daraufhin seinen Bericht an die Kreisregierung, in dem es auf die Gültigkeit der bestehenden Gesetze bezüglich der Israeliten verwies und die Bürgerannahme daher für nicht rechtens hielt (GLA, Akten des Stadtamtes Freiburg).

Die Entscheidung des Innenministeriums wurde dann allerdings durch die Revolutionsereignisse verzögert. Auch in Freiburg überrollten die Geschehnisse des Mai-Aufstandes die Debatte um Näf und veränderten die politische Situation in der Stadt. Nach der Einnahme Freiburgs durch die preußischen Truppen kamen die konservativen Kräfte wieder zum Zuge. Der Gemeinderat und kleine Bürgerausschuß wurden auf staatliche Anweisung teilweise ausgewechselt, teilweise traten einige Gemeinderäte freiwillig zurück.[27]

Nachstehender Aufsatz wurde als Erwiederung des in Nr. 52 der neuen Freiburger Zeitung enthaltenen Artikels: „die Aufnahme der Juden in hiesiger Stadt,“ der Redaktion besagten Blattes mit der Bitte um Aufnahme übergeben. Nach zweitägiger Berathung erhielten wir jedoch denselben mit der Bemerkung zurück, daß diesem Gesuch nicht entsprochen werden könne. Unserer weitern Bitte, ihn wenigstens als Inserat gegen Bezahlung aufzunehmen, wurde die gleiche Antwort zu Theil. — Wir enthalten uns hier jeden Urtheils über dieß Benehmen der Redaktion der neuen Freiburger Zeitung, sondern erlauben uns blos die einfache Frage an sie: „Sind dieß die Früchte unserer neu errungenen Preßfreiheit! und wäre es nicht vor allem Sache besagter Redaktion, ein so tief in das Leben und den finanziellen Zustand der hiesigen Bürgerschaft eingreifendes Verhältniß möglichst von jeder Seite zu beleuchten?“

Der Gemeinderath hat unter Zustimmung des Bürger-Ausschusses die bürgerliche Annahme eines Israeliten in den hiesigen Gemeindeverband beschlossen, und da er angegriffen wurde, läßt er sich vertheidigen in Nr. 52 der neuen Freiburger Zeitung; die Vertheidigung beruft sich unter Anderm auf die Verkündigung der Grundrechte im Regierungsblatte vom 18. Januar Nr. 2, so wie auf das neueste Gesetz vom 17. v. M. Regierungsblatt Nr. 7.

Der Artikel III der Grundrechte sagt: „Jeder Teutsche hat das Recht an jedem Orte des Reichsgebietes seinen Aufenthalt und Wohnsitz zu nehmen, Liegenschaften jeder Art zu erwerben und darüber zu verfügen, jeden Nahrungszweig zu betreiben und das Gemeindebürgerrecht zu gewinnen.“

Allein dabei ist wohl zu merken, daß von diesen Bestimmungen nach Artikel I Nr. 2 des Einführungsgesetzes nur das Recht des Liegenschaftserwerbes sofort in Wirksamkeit getreten ist, während der Eintritt der übrigen Rechte ausdrücklich von **einem erst in Aussicht stehenden Reichsgesetze abhängig gemacht wird.** Wer also bis jetzt nicht befugt war, in einer Gemeinde seinen Aufenthalt oder Wohnsitz zu nehmen, darf es auch zur Zeit noch nicht, und noch viel weniger kann ein Solcher sogar die bürgerliche Annahme, was ein weiteres Recht ist, verlangen.

Bis jetzt war aber in Baden den Gemeinden, wenigstens in Rücksicht auf die Juden, das ursprüngliche und natürliche Recht verblieben, Keinen ohne ihre freie Einwilligung aufzunehmen; dieß durch die Gemeindeordnung bestätigte Recht ist aber noch nicht aufgehoben. Es kann daher nicht in der Befugniß des Gemeinderathes und kleinen Bürger-Ausschusses liegen, über die bürgerliche Annahme der Juden zu verfügen, sondern es mußte über ein jedes derartige Gesuch die Gemeinde selbst vernommen und ihr die Entscheidung überlassen werden.

Dieß als Antwort über den Rechtspunkt, der also gegen den Gemeinderath und den kleinen Bürger-Ausschuß spricht.

Aufnahme von Juden

Was die übrigen Erklärungen über die Humanität, Nützlichkeit, Zweckmäßigkeit und Rühmlichkeit der Juden-Einführung in den Gemeindeverband der Stadt Freiburg betrifft, so wollen wir auch über sie einige Worte fallen lassen.

Der Vertheidiger setzt sich auf das erhabene Roß der März-Errungenschaften, welchen wir auch die Emanzipation der Juden zu verdanken haben, und daß man sich beeilen müsse, um dem Ruhme der Aufklärung und der Humanität nicht zu entgehen, und sich besonders patriotisch zu erweisen, die Juden in die Stadt Freiburg einzuführen.

Wir hätten erwartet, die Gemeindebehörde würde sich nicht beeilen mit der Einführung der Juden, damit doch nicht gerade der Anfang mit diesem Artikel gemacht worden wäre; man hätte warten können, bis nützlichere und erfreulichere Güter aus der Reichsversammlung einzuführen gewesen wären. —

Die Gemeindebehörde hat zunächst ihre Sorgfalt, ihre humane Rücksicht und ihren patriotischen Eifer dem Wohl ihrer Bürgerschaft zuwenden müssen und nicht dem Judenthum; als Gemeindebehörde hat sie weniger für allgemeine religiöse Tendenzen zu schwärmen, sondern sie hat sich für die politischen und bürgerlichen Zwecke ihrer Stadt und deren Bürger zu interessiren; was das Wohl, den Verdienst, die Gewerbe erhebt und vergrößert, das ist ihre Sache. —

Der Vertheidiger weist auf Mannheim hin und gibt zu verstehen, daß diese Stadt die reichste geworden sey durch die Juden. — Ja, Mannheim ist reich durch seine vortreffliche Lage als Handelsstadt; jedoch vergesse man nicht, daß Mannheim für den Reichthum seiner Armen vom Staate per Jahr 13,000 fl. Unterstützung zieht! Karlsruhe hat großen Verdienst als Residenz und bezieht von dem Staate per Jahr 10,000 fl. für seine Armen. — Warum machen die Juden die Armenunterstützung in beiden Städten nicht überflüssig? Glaubt der Vertheidiger, daß die Juden die Stadt Freiburg erheben werden? Laßt die Ordnung und Sicherheit und das Vertrauen wieder eintreten, dann werden die Häuserwerthe der Stadt Freiburg wieder rasch steigen, wie sie es früher waren ohne Juden. Wer das Heil von den Juden erwartet, mag ein gutmüthiger Schwärmer seyn, aber ein praktischer, erfahrener und kluger Kopf ist er sicher nicht.

Im Uebrigen erklären wir, daß sobald die Grundrechte festgestellt, und das in Aussicht gestellte Gesetz „über die Bürgerannahmen und Gewerbsverhältnisse" von der Reichsgewalt erschienen und zum Vollzug reif sind, wir uns denselben als ächte Deutsche ebenso willig und gerne fügen werden, als wir jetzt der Meinung sind, daß unser Gemeinderath sich nicht so beeilen sollte, denselben vorzugreifen.

Freiburg, 7. März 1849.

Eine Anzahl hiesiger Bürger.

Flugblatt vom 7. März 1849 gegen die Bürgerannahme Näfs
StadtAF, Dwe 610 (Sammelmappe Juden in Freiburg)

Bürgermeister von Rotteck mußte gehen, seine Stelle nahm Amtmann Rieder ein, der von der Kreisregierung als provisorischer Bürgermeister eingesetzt wurde. Das Amt des Stadtdirektors schließlich trat Freiherr von Uria an. Zu denjenigen, die aufgrund ihrer Beteiligung an der Revolution fliehen mußten, gehörte auch der ehemalige Obmann des Bürgerausschusses, Emmerling. Wie nach Ausgang der Revolution nicht anders zu erwarten war, hatte damit auch in Freiburg eine konservative Wende stattgefunden. Die „Neue Freiburger Zeitung" meldete die Rückkehr zu Ruhe und Ordnung:

„Freiburg, 16. Februar. Unsere Zustände kommen allmälig in geregelten Gang. [...] Die städtischen Behörden sind im Interesse der Gemeinde und der staatlichen Ordnung möglichst purifiziert. [...] Man fängt nachgerade an, einer besseren Hoffnung Raum zu geben" (Neue Freiburger Zeitung Nr. 42 vom 19.2.1850).

Was war in der Zwischenzeit mit Näf geschehen? Zeitungsmeldungen sein Bürgerrecht betreffend liegen nicht vor; einmal wird er als Verteidiger vor dem Kriegsgericht erwähnt (Neue Freiburger Zeitung Nr. 244 vom 13.10.1850). Einen Reflex einer öffentlichen Diskussion des Falles kann man allerdings im Freiburger Adreßkalender des Jahres 1850 finden, in dem Baumeister Joseph Rösch – aus vermutlich aktuellem Anlaß – einen Abriß über die Geschichte der „Juden in Freiburg" gab, in dem er auch auf die Bürgerannahme Näfs einging. Seinen aus liberaler Sicht geschriebenen Artikel schloß er mit der Forderung:

„Und so mögen die Juden unter dem Schutze bürgerlicher, politischer und religiöser Freiheiten ruhig an der Stelle wohnen, wo vor mehr als vierhundert Jahren ihre Väter vertrieben wurden" (Freiburger Adreßkalender 1850, S. xxx).

Dieser „judenfreundliche Artikel" rief offensichtlich erneut die Reaktion einiger Gegner hervor. Im konservativen „Breisgauer Boten" vom 7. Februar erschien jedenfalls ein Gegenartikel mit dem Titel „Über die Juden in Freiburg", der auf die eher entgegengesetzte Wirkung des Adreßkalender-Beitrags auf die Freiburger Bürgerschaft verwies und die bereits laufenden Gegenaktivitäten der Handelskammer erwähnte. In dem immer noch herrschenden Zustand der Rechtsunsicherheit war Näf das Bürgerrecht bislang verblieben, doch gab es eine Gruppe innerhalb der Freiburger Bürgerschaft, die Möglichkeiten erkundete, es ihm wieder zu entziehen.

In diese gewandelte politische Situation traf am 19. Januar 1850 endlich der – vom 4. des Monats datierte – Erlaß des Innenministeriums ein, wonach sich die Handelskammer mit ihrer Beschwerde an die „zunächst zuständige Behörde", d.h. an das Stadtamt Freiburg zu wenden hatte. Von nun an ging der Fall Näf seinen geregelten, bürokratischen Gang. Die Handelskammer legte am 13. April ihren Rekurs ordnungsgemäß dem Gemeinderat vor, der ihn mit einem Begleitschreiben versehen am nächsten Tag dem Stadtamt weiterleitete. Doch der neue Gemeinderat und der neue Bürgermeister, Rieder, vertraten nicht mehr die Meinung ihrer Vorgänger, sondern hielten die Bürgerrechtsverleihung an Näf für „ungesetzlich" und den Rekurs ans Stadtamt für gerechtfertigt. Rechtsanwalt Näf wurde für den 23. April zur Anhörung auf das Stadtamt geladen, erschien und bat um eine vierzehntägige Frist zur Abgabe seiner Erklärung, die ihm bewilligt wurde. Lamey übernahm nun die Vertretung seines Kollegen und reichte am 24. Mai, nach einer bewilligten Fristverlängerung um weitere vierzehn Tage, die Erklärung in Näfs Namen ein (auf dem Inhalt des nun folgenden Rechtsstreites wird noch eingegangen).

Das Stadtamt entschied am 16. Juni zugunsten der Rekurrenten *gegen* die Bürgerannahme Näfs (in den Zeitungen wurde dies am 25. bzw. 26. Juni gemeldet). Daraufhin zeigte Lamey am 19. Juni den Rekurs gegen die stadtamtliche Verfügung bei der Kreisregierung an. Auch diese Instanz entschied am 23. Juli gegen Näf, worauf dieser am 20. August vom Gemeinderat aus dem Bürgerbuch der Stadt Freiburg gestrichen wurde. Am 15. August legte Lamey auf dem Wege des Oberrekurses Einspruch beim Innenministerium ein. Auch dieses entschied jedoch nach längerer Verzögerung am 3. Januar 1851 gegen Näf (GLA, Akten des Stadtamtes Freiburg). Mittlerweile hatte der Gemeinderat laut Beschluß vom 19. November 1850 Weisung gegeben, Näf seine Einkaufsgelder und -gebühren zurückzuerstatten, und damit die Bürgeraufnahme endgültig rückgängig gemacht. Näfs wiederholter Einspruch unter Hinweis darauf, daß die Sache noch in der Schwebe sei, bis sie vom Innenministerium entschieden worden sei, nützte nichts (StadtAF, C 1 Bürgerannahmen 45).

Nach der negativen Entscheidung auch des Innenministeriums blieb Lamey und Näf noch ein letzter Weg, der Rekurs an die oberste staatliche Behörde, das Staatsministerium. Er wurde am 8. Februar 1851 eingereicht.[28] Am 21. Februar erstattete das Innenministerium in hörbar gereiztem Ton – offensichtlich war die Geduld der Behörden, was das leidige Thema der gemeindebürgerlichen Gleichstellung der Juden und die Frage der Grundrechte betraf, erschöpft – dem Staatsministerium Bericht. Dieses entschied am 30. April im Sinne der vorhergehenden Instanzen. Über den Instanzenweg gelangte die Nachricht des endgültigen Scheiterns von Näfs Berufung zum 1. Juni an das Freiburger Stadtamt (GLA, Akten des Staatsministeriums). Am 17. Juni 1851 setzte der Gemeinderat sein „ad acta" unter die Unterlagen. Der Fall Näf war abgeschlossen.

Die Rechtslage

Der Fall Näf lag aufgrund der Verquickung dreier Rechtsfragen kompliziert: Zum einen stellte sich die Frage nach der Gültigkeit und Anwendbarkeit der Grundrechte in Baden im allgemeinen und für den Fall eines jüdischen Bewerbers um das Bürgerrecht im besonderen. Mit letzterem verbunden war die Frage nach den Rechten der Gemeinde, da nach den alten Gesetzen die Annahme von Israeliten zum Selbstbestimmungsrecht der Gemeinden gehörte. Zuletzt gab die Frage der Zuständigkeit der in das Procedere verwickelten Behörden letztlich den Ausschlag in der Entscheidung. Doch beginnen wir mit der Frage der Grundrechte.

Bis zum Mai 1849 verfolgten der Regent und die badische Regierung unter Bekk die Politik, durch die Anerkennung der Frankfurter Reichsverfassung erneute Aufstände zu verhindern, wenngleich sie durch das dazugehörige Einführungsgesetz die Wirksamkeit einiger Artikel von späteren Reichsgesetzen und von badischen Vollzugsgesetzen abhängig machten. Der § 16 der Grundrechte (über die Religionsfreiheit), auf den sich Näf bezog, fiel unter keine derartige Beschränkung, wohl aber der bereits erwähnte § 3 (über Freizügigkeit).[29] Die entscheidende Frage war nun, ob man das Gesetz vom 17. Februar 1849 als Vollzugsgesetz für diesen Artikel der Grundrechte ansehen konnte. Hierüber gingen die Meinungen weit auseinander. Die Mehrheit des Freiburger Gemeinderats, Bürgermeister von Rotteck und natürlich Näf und Lamey sahen die Grundrechte und das Gesetz vom 17. Februar als ausreichend an, um auf ihrer Basis Näf wie jeden anderen Bewerber um das Bürgerrecht zu behandeln und ihm gemäß § 15 des Bürgerrechtsgesetzes von 1831 das Bürgerrecht zu erteilen.[30] Immerhin hatten sich selbst unter den befürwortenden Gemeinderäten zwei Fraktionen gebildet: die eine, bestehend aus Rotteck und dem praktischen Arzt Straub, interpretierten die Einführungsbeschränkung für § 3 dahingehend, daß nur für Nicht-Badener eine gewisse Niederlassungskontrolle bestehe, für Badener dagegen nicht. Anders ausgedrückt, legten sie den betreffenden Paragraphen im Sinne der völligen Freizügigkeit innerhalb

Badens aus.[31] Die Mehrzahl der Gemeinderäte folgte dieser großzügigen Auslegung nicht: Nur für bereits in der Stadt Ansässige sei die Bürgerannahme auf diesem Wege zulässig; da nun aber Näf schon „seit Jahr und Tag" in der Stadt seinen Wohnsitz hatte, erübrigten sich jegliche Bedenken. Eine dritte Gruppe von Gemeinderäten und Mitgliedern des Bürgerausschusses, die gegen die Bürgerannahme Näfs war, blieb damit in der Minderheit, ohne daß aus den Gemeinderatsakten ersichtlich würde, ob bereits sie sich auf die Gültigkeit der alten Gesetze berufen hatten.

Was die Gültigkeit der Grundrechte im Februar 1849 betraf, waren die Verfasser des Flugblattes entschieden anderer Meinung. Sie stellten sich auf den Standpunkt, daß die (Reichs-)Vollzugsgesetze noch abzuwarten seien und daß bis dahin das Landesrecht, insbesondere das Selbstbestimmungsrecht der Gemeinden über Bürgerannahmen, weiter in Kraft bleibe. Dieser Meinung waren auch die unterzeichneten Bürger des Protestschreibens an den Gemeinderat, die nicht so sehr gegen Näf als Person protestierten, sondern mehr gegen die Konsequenz jener Bürgerannahme: Wenn Näf als erster Israelit in Freiburg Bürgerrecht erhielt, bedeutete das für die Gemeinde den Verlust ihres Vetorechtes bei weiteren Bürgerannahmen von Israeliten.[32]

Der Bericht des Stadtamtes vom April 1849 zielte in die gleiche Richtung: Er ging von der Unanwendbarkeit von § 3 der Grundrechte sowie des Gesetzes vom 17. Februar aus und hielt daher die alten Gesetze für maßgebend, neben den bereits erwähnten auch das 1. Konstitutionsedikt über die kirchliche Verfassung Badens, laut dessen Paragraphen 2 und 3 Freiburg zu den „kirchlich geschlossenen Gemeinden" gehöre, in welche keine Angehörigen anderer als der christlichen Konfessionen zugelassen werden dürften.

So standen sich noch im Frühjahr 1849 zwei Auffassungen bezüglich der Gültigkeit der Grundrechte gegenüber: eine liberale, vertreten von der Mehrheit des Gemeinderates und des Bürgermeister, von Näf und Lamey einerseits, und eine konservative, die von jenen protestierenden Bürgern, der Handelskammer und dem Stadtamt vertreten wurde. Beide Auffassungen konnten sich aufgrund der Vagheit des Einführungsgesetzes der Grundrechte wie der Unvollständigkeit des Gesetzes vom 17. Februar behaupten. Wenn vorläufig keine Entscheidung fiel, lag dies daran, daß die Beschwerdeführer sich gleich an die zweithöchste Instanz wandten und damit jene langwierige Prozedur in Gang setzten, die den Fall Näf über das Revolutionsende hinaus verschleppte. Dabei hätte noch bis zum 9. Mai 1849 eine Entscheidung in ihrem Sinne gegen Näf gefällt werden können – eben aufgrund der einschränkenden Klauseln des Einführungsgesetzes – und wäre vom Stadtamt auch gefällt worden. An jenem Tag aber wurden im Regierungsblatt die Reichsverfassung und mit ihr noch einmal die Grundrechte publiziert, und zwar diesmal, unter dem Druck drohender Aufstände, *ohne* Einschränkungen. Vom 9. Mai 1849 an, kann man also sagen, war Näf unbestreitbar 'zu Recht' im Besitz des Freiburger Bürgerrechts.

Mit dem Ende der Revolution wendete sich das Blatt jedoch. Die Deklararion des badischen Großherzogs vom 18. August 1849 stellte die Aufhebung der Gültigkeit der Reichsverfassung für Baden fest (Regierungsblatt Nr. 50 vom 18.8.1849, S. 423). Über die Gültigkeit der Grundrechte herrschte in der Theorie während der nachrevolutionären Zeit weitgehende Unklarheit. In der Praxis war unter dem bis zum 1. September 1852 (!) verlängerten Kriegszustand und den in Übereinstimmung mit der preußischen Regierung erlassenen provisorischen Gesetzen an Grundrechte nicht zu denken, auch wenn diese erst am 23. August 1851 vom Bundestag aufgehoben wurden.[33]

Lameys Gang durch alle Instanzen, wobei er sich in seinem letzten Rekurs, dem Oberrekus an das Staatsministerium, auf eine „Kränkung verfassungsmäßiger Rechte" berufen mußte, hat daher etwas von einem

Test an sich, wieweit die Revolutionserrungenschaften noch galten. Dabei bestritt er nicht einmal, daß die Grundrechte zu jener Zeit (1850) nicht mehr in Kraft waren. Worum es ihm ging, war vielmehr die Frage, ob ein während der Gültigkeit der Grundrechte erworbenes Recht im nachhinein, unter veränderten politischen und rechtlichen Bedingungen, wieder entzogen werden könne. Genau dies bestritt Lamey, wenn auch vergebens.[34] Die Entscheidung im Falle Näf wurde von den Staatsbehörden wohlweislich nicht auf der Ebene der Grundrechte gefällt. Das Innenministerium sah sich in seinem Bericht vom 21. Februar 1851 allenfalls zu der „ehrerbietige(n) Bemerkung" genötigt, „daß wir die Frage wegen der Gültigkeit der Grundrechte, deren Beantwortung uns gleichfalls zur abweislichen Bescheidung des Rekurses geführt haben würde, nur deshalb umgangen haben, weil wir es nicht für angemessen erachteten, uns hierüber gelegentlich eines einzelnen Falles, ohne Noth auszusprechen, bevor eine höchste Entschließung Eurer Königlichen Hoheit hierüber vorlag" (GLA, Akten des Staatsministeriums). Diese Erklärung gab der Großherzog am 5. Mai 1851 ab, in der er auf Anfrage feststellte, daß den Grundrechten in Baden „keine rechtliche Wirksamkeit beizulegen" sei (Regierungsblatt Nr. 33 vom 21.5.1851, S. 405).

In den Augen der protestierenden Bürger war der Fall Näf keine Angelegenheit der persönlichen Grundrechte, sondern eine Frage der Gemeindeautonomie, die sie durch die Bürgerannahme wider ihren Willen verletzt sahen. Was die Rechte der Gemeinde anging, in deren Namen sie protestiert hatten, gab es nun allerdings einige Unebenheiten in der Rechtmäßigkeit des Rekurses gegen den Gemeinderatsbeschluß.

Ging man von den alten Gesetzen aus, hatten Gemeinderat und kleiner Bürgerausschuß bei der Bürgerannahme Näfs die Gemeindeanhörung übergangen und damit ihre Zuständigkeit überschritten. Ein Rekurs war von daher zulässig – die Frage war aber, *wer* rekursberechtigt war. § 82 des Bürgerrechtsgesetzes von 1831 stellte fest, daß Einzelnen kein Rekursrecht zustehe. Mit dem gewagten Argument, daß, wenn § 54 die Israeliten vom Gültigkeitsbereich des Bürgerrechtsgesetzes ausnehme, auch § 82 in ihrem Fall nicht in Anwendung kommen könne, versuchten die Rekurrenten Zweifel an der Rechtmäßigkeit ihres Protests auszuräumen. Schließlich waren sie, wenn auch selbst Lamey das „Gewicht ihrer Namen" zugab, keine gewählte Vertretung der Bürgerschaft und von daher nicht berechtigt, in deren Namen Protest einzulegen. Lameys Forderung, daß der einzige Weg, die Sache noch zu einem rechtmäßigen Ende zu bringen, darin bestehe, die Bürgerannahme nachträglich der Gemeindeversammlung oder deren Vertretung, dem großen Bürgerausschuß, zur Abstimmung vorzulegen, war daher angemessen, hätte wohl auch bei den protestierenden Bürgern Zustimmung gefunden, stieß aber beim Stadtamt auf taube Ohren.[35] In Freiburg existierte nämlich seit den Revolutionstagen kein großer Bürgerausschuß mehr. Er war von der Revolutionsregierung zugunsten der Gemeindeversammlung aufgelöst worden. Diese einzuberufen lag freilich nicht im Interesse des Stadtamtes. Im September 1849 war in einem provisorischen Gesetz verordnet worden, daß – aufgrund der Gefahr politischer Unruhe – die großen Bürgerausschüsse und die Gemeindeversammlungen, wo sie noch bestünden, nicht einberufen werden sollten; wo es keine mehr gebe, sollten keine Neuwahlen stattfinden. Statt dessen seien deren Befugnisse durch die Kreisregierung an Gemeinderat und kleinen Bürgerausschuß zu übertragen (Regierungsblatt Nr. 56 vom 14.9.1849, S. 441 f.). Genau dieser Weg funktionierte ja nun im Falle Näfs nicht, wo sich der Rekurs gerade gegen einen Beschluß dieser beiden Behörden richtete. Von daher lag es im Interesse des Stadtamtes – und der weiteren staatlichen Behörden –, den Fall Näf auch nicht zu einer Frage der Gemeindeautonomie werden zu lassen, sondern im Sinne einer reinen innerbehördlichen Angelegenheit der Zuständigkeit zu regeln.

Doch auch in der Frage der Zuständigkeit herrschte einige Verwirrung. Die protestierenden Bürger hatten sich in ihrem ersten Schritt, der Delegation nach Karlsruhe, irrtümlich an eine bereits veraltete Verordnung von 1822 gehalten, laut der das Innenministerium bei erstmaliger Annahme eines Israeliten in einer geschlossenen Gemeinde als Rekursstelle zuständig war (Regierungsblatt Nr. 3 vom 9.2.1822, S. 11-15). Durch die Verordnung vom 14. Juni 1839 (Regierungsblatt Nr. 17, S. 142) war jedoch auch für diese Fälle der übliche Instanzenweg festgelegt worden, auf den die Handelskammer ja dann durch den Erlaß des Innenministeriums vom 4. Januar 1850 geschickt wurde. Der Rekurs ging also in erster Instanz an das Stadtamt, das auf Unzuständigkeit des Gemeinderats und kleinen Bürgerausschusses bei der Bürgerannahme Näfs erkannte und diese daher für ungültig erklärte. Die Frage nach der Berechtigung der selbsternannten Rekurrenten entschied es, aus dem oben genannten Grund, ganz im Sinne der Beschwerdeführer. „Beim Obmangel eines Organs, durch welches die Gemeindeangehörigen die Beschwerde ausführen könnten", müsse „den Gemeindeangehörigen selbst dieses Recht zugestanden werden" (GLA, Akten des Stadtamtes Freiburg). Diese Entscheidung wurde dann durch alle Instanzen aufrecht erhalten und damit eine Ausweitung des Falles Näf ins Politische verhindert.
Lamey unternahm, in seiner Eigenschaft als Abgeordneter in der Zweiten Kammer, noch in der Endphase des Falles auf der parlamentarischen Ebene einen letzten Versuch, die Frage der gemeindebürgerlichen Gleichstellung der Israeliten zu lösen. Als am 31. Januar 1851 in der Zweiten Kammer wieder einmal der obstinate § 54 des Bürgerrechtsgesetzes zur Debatte stand, stellte Lamey den vom Kommissionsbericht abweichenden Antrag auf Aufhebung dieses Paragraphen. Sein Antrag wurde in der Abstimmung abgelehnt.[36] Damit waren endgültig alle rechtlichen und gesetzlichen Möglichkeiten erschöpft, die den Fall Näf noch zu einem positiven Ende hätten führen können.

Die Interessenlage

Wie verliefen nun die Meinungsfronten innerhalb der Freiburger Bürgerschaft? Wenn Lamey bemerkte, daß man nicht wissen könne, wie die Gemeinde entscheiden werde, so trifft dies – aufgrund der ausgebliebenen Abstimmung, aber auch aufgrund der lückenhaft protokollierten Entscheidungen – nicht nur für die Zeitgenossen, sondern auch für uns zu.
Bereits im Gemeinderat fand keine namentliche Abstimmung statt (oder wurde nicht aufgezeichnet). Daher können von den insgesamt elf Gemeinderäten (mit Bürgermeister) nur folgende als sichere Befürworter angesehen werden: nämlich die durch ihr Sondervotum gesondert erwähnten Rotteck und Straub. Sicherer Gegner war Carl Herb, dessen Name auf der Rekursbeschwerde auftauchte.[37]
Was den kleinen Bürgerausschuß betrifft, so hat mit Sicherheit dessen Obmann Emmerling die Bürgerannahme befürwortet.[38] Die Unterschriften von drei der Mitglieder tauchen jedoch auf der Rekursliste auf.[39] Von den restlichen vierzehn Mitgliedern kann nichts Bestimmtes ausgesagt werden, allenfalls, daß sich zumindest (entsprechend § 15 der Gemeindeordnung) eine einfache Mehrheit für die Bürgerannahme gefunden haben muß.
Wirklich 'sichere' Namen liegen uns dagegen in den beiden Unterschriftenlisten des Protestschreibens sowie der Rekursbeschwerde vor (Anhang 1). Nach ih-

nen war eine Gruppe von 50 (bzw. 101) Bürgern bereit, die Bürgerannahme anzufechten – aus Gründen der Gemeindeautonomie, wie sie selbst behaupteten, aus Gründen des Eigennutzes und der Konkurrenzangst, wie ihnen ihre Gegner unterstellten. Denn laut übereinstimmender Meinung von Gemeinderat, den Zeitungen und Lamey stammte der Protest aus dem „Handels- und Gewerbstand". Bei einer Untersuchung der Berufsstruktur der Beschwerdeführer bestätigte sich diese Einschätzung, jedoch mit einigen charakteristischen Differenzierungen (Tabelle 1).

Tabelle 1:
Die Beschwerdeführer nach Berufsgruppen

Berufsgruppe	1849	1850
Handelsleute	32	34
Wirte	–	24
Metzger und Wurster	6	21
Gerber	2	9
Goldarbeiter	3	2
Schneider	–	2
Kartenmacher	1	–
Hafner	1	–
Müller	1	–
Küfer	1	–
Zeugschmied	–	1
Schuster	1	–
Badinhaber	–	1
Eisenwerkbesitzer	1	1
Hofgerichtsadvokat	–	1
Landwirt	–	1
Dienstmagd	–	1
nicht feststellbar	1	3
insgesamt	50	101

(Nach: Liste der Beschwerdeführer im Anhang)

Der hohe Anteil von Handelsleuten unter den Beschwerdeführern gleich in der ersten Beschwerde, verstärkt durch den Eindruck, den Benedikt von Hermann, der Präsident der Handelskammer, als deren Sprecher machte, rechtfertigt zumindest die erste Hälfte der Einschätzung. Die 32 (bzw. 34) Kaufleute machten immerhin mehr als die Hälfte der Freiburger Kaufmannschaft aus (vgl. Tabelle 2). Was den Gewerbestand betraf, lagen die Dinge nicht so eindeutig. Das Protestschreiben von 1849 scheint im wesentlichen von den Handelsleuten aufgesetzt worden zu sein, die dann in der Eile noch einzelne Vertreter anderer Berufe mitzogen. Jedenfalls dürfte die Konkurrenzangst bei den Gewerben nicht allzu groß gewesen zu sein, sieht man von den Goldarbeitern einmal ab. Von diesen nämlich protestierten drei (von insgesamt vier) gegen die Bürgerannahme.[40]

Für die rasche Reaktion gerade der Handelsleute sind verschiedene Gründe zur Erklärung heranzuziehen. Zum einen gehörte der Handelsstand zu den am besten organisierten Berufsgruppen: Einmal bot die bereits bestehende Handelskammer den organisatorischen Rahmen, viele mögliche Gesinnungsgenossen schnell und effizient zu erreichen. Die führenden Amtsinhaber der Handelskammer – Präsident von Hermann sowie die Mitglieder Friedrich Bartenstein, Christian Sautier und Franz von Welz – erschienen denn auch unter den Beschwerdeführern. Andererseits war es die Zunft der Handelsleute, die „Zunft zum Falkenberg", die sich in dem allmählichen Prozeß der Auflösung der Zünfte am längsten behauptete. Auch von daher war also ein möglicher Aktionsrahmen vorgegeben – und bei Durchsicht der Zunftbücher und Mitgliederlisten der Falkenberger fanden sich mehrere Namen von Beschwerdeführern.[41]

Waren so die formalen Voraussetzungen gegeben, kam schließlich als wesentlicher materieller Grund des Protestes die – tatsächlich bestehende oder eingebildete – Angst vor möglicher jüdischer Konkur-

renz hinzu. Ob durch die Bürgerannahme Näfs tatsächlich Tür und Tor für einströmende jüdische Händlerscharen geöffnet worden wären, ist allerdings mehr als fraglich. Denn schließlich wies der Freiburger Gemeinderat selbst schon einen seriösen Kaufmann wie Carl Weil Weidenreich ab, der sein Examen bei der Handelskammer Lahr abgelegt und sich, zwecks Niederlassung und Geschäftsgründung, um das Bürgerrecht beworben hatte.[42] Vermutlich war sein Gesuch auf Ablehnung auch bei jenen Gemeinderäten und Mitgliedern des Bürgerausschusses gestoßen, die gegen die bürgerliche Annahme eines jüdischen Rechtsanwalts, der keine unmittelbare Konkurrenz bedeutete, nichts einzuwenden gehabt hatten.[43]
Im Vergleich der beiden Unterschriftenlisten fällt auf den ersten Blick auf, daß sich vor allem bei der zweiten Beschwerde im wesentlichen drei Berufsgruppen dem Protest der Handelsleute anschlossen: die Wirte, die Metzger und die Gerber. Mehr als die Hälfte aller Handelsleute, fast die Hälfte der Metzger, mehr als ein Drittel der Wirte und fast alle Gerber sowie zwei der vier Goldarbeiter engagierten sich gegen die Bürgerannahme Näfs. Dagegen fallen alle anderen Berufsgruppen bei weitem ab (Tabelle 2). So scheinen gerade jene Berufsgruppen protestiert zu haben, die bei einer Öffnung Freiburgs vor möglicher jüdischer Konkurrenz Furcht hatten und die am ehesten mit jenen Landjuden zu tun hatten, die zu ihren Geschäften in die Stadt kamen. Letzteres war vermutlich vor allem bei Metzgern, Wirten und Gerbern der Fall, während bei Handelsleuten und Goldarbeitern eher ersteres eine Rolle spielte.[44]
Zu diesen wirtschaftlichen Motiven kommt noch ein weiterer Faktor hinzu, der die Opposition gegen den Gemeinderatsbeschluß erklären könnte: ein eher politisch motivierter Widerstand jener Bürgergruppe, die vor der Revolution im großen Bürgerausschuß vertreten war. In der Rekursbeschwerde klangen entsprechende Töne an:

Tabelle 2:
Anteil der Beschwerdeführer in den jeweiligen Berufsgruppen in Freiburg (1850)

Berufsgruppe	Beschwerdeführer 1850	von insgesamt	in %
Handelsleute	34	58	58,6 %
Metzger und Wurster	21	43	48,8 %
Wirte	24	61	39,5 %
Gerber	9	11	81,9 %
Goldarbeiter	2	4	50,0 %
Schneider	2	45	4,4 %

(Nach: Freiburger Adreßkalender; Liste der Beschwerdeführer im Anhang)

„Ein Rückblick auf die Zeit, in welcher jene Vorstellung (d.i. das erste Protestschreiben, Anm. d. Verf.) überreicht wurde, und auf die durch sie hervorgebrachten Einflüsse, denen nicht wenige Mitglieder der damaligen Gemeindebehörde verfallen waren, dürfte hinreichen, um begreiflich zu machen, daß jenem Antrage der Bürger eine abschlägige Antwort zutheil wurde" (GLA, Akten der Stadtamtes Freiburg).
Unter den 126 Mitgliedern des großen Bürgerausschusses von 1848 finden sich allerdings nur 18 der bekannten Namen der Gegner der Bürgerannahme, so daß auch hier die Frage offen bleiben muß, wie denn nun der große Ausschuß – hätte er 1849 bestanden – entschieden hätte. Daß der Gemeinderat der Revolutionstage einem Großteil des gehobenen Bürgertums zu 'revolutionär' war, ging aus den Freiburger Revolutionsereignissen deutlich genug hervor.

Eine Vielzahl von Gründen war damit zusammengekommen, die Näf im Endergebnis das Bürgerrecht kostete. Zwar kann dessen Verleihung nicht an irgendeine Nützlichkeitserwägung gebunden gewesen sein – zumindest finden sich hiervon keine Spuren. Argumente für und gegen den 'Nutzen' von zuziehenden Israeliten scheinen erst in den nachträglichen Rechtfertigungen in den Zeitungen bzw. in den Angriffen auf die Bürgerannahme eine Rolle gespielt zu haben, und auch da eher beiläufig.[45] Aber motiviert wurde die Bürgerrechtsverleihung wohl eher aus dem Geist der Revolution und der Grundrechte, dem Bürgermeister von Rotteck auch Ausdruck verlieh, als er zur Gründung eines „vaterländischen Vereins" im Februar 1849 die Eröffnungsrede hielt. Zumindest in diesem Punkt muß Lewins Urteil – „keine Spur von Prinzipien, von Ideen ist zu entdecken ..." – revidiert werden, auch wenn in der Folgezeit wirtschaftliche Interessen, Konkurrenzangst und möglicherweise durch Geschäftskontakte geprägte Vorurteile die Opponenten zu ihrem Handeln bestimmte. Unterstützung fanden sie dabei im Stadtamt, das noch zur Revolutionszeit, aber erst recht danach, einen konservativen Kurs steuerte. Wäre es den staatlichen Behörden nicht so sehr um die Aufrechterhaltung von Ruhe und Ordnung gegangen, hätte eine Gemeindeversammlung zumindest stattfinden können. Ob sie allerdings zu einem anderen Ergebnis geführt hätte, muß fraglich bleiben.

Wie stark die Affäre Näf die Freiburger Öffentlichkeit bewegte, läßt sich schwer abschätzen. Immerhin sprechen die Zeitungsartikel, der Beitrag im Adreßkalender sowie das erhalten gebliebene Flugblatt dafür, daß sie einen gewissen Öffentlichkeitsgrad erreichte. Doch in den Revolutionswirren vom Mai 1849 muß sie zeitweise untergegangen sein, denn wie wäre sonst zu erklären, daß sie in den Memoiren eines der unmittelbar Betroffenen, nämlich des Bäckermeisters und Gemeinderats Hoch, keine Erwähnung findet? Unter den Bedingungen der Restauration wurde Anfang 1850 die Frage der „Juden in Freiburg" zwar noch einmal aufgegriffen, entwickelte sich aber dann sehr rasch zu einer innerbehördlichen Angelegenheit, von der die letzten Schritte nicht mehr in die Öffentlichkeit drangen.

Bleibt nachzutragen, daß die vergebliche Bürgerrechtsbewerbung Näf wenigstens in seiner beruflichen Karriere nichts geschadet hatte. Am 27. Dezember 1850 war er, kurz vor dem endgültigen abschlägigen Bescheid des Innenministeriums, von der Regierung zum Hofgerichtsadvokaten ernannt worden (Freiburger Zeitung Nr. 306 vom 27.12.1850).

4. Die Übergangszeit (1850-1860)

Während der nächsten zehn Jahre lebte nur eine unerhebliche Anzahl von Israeliten mehr oder weniger unbeachtet in Freiburg.[46] Ihr Ausschluß aus der Stadt verhinderte nicht nur ihre allmähliche Integration in das Gemeindeleben, er hielt sie vor allem an ihren bisherigen Wohnorten, den badischen Landgemeinden, und in ihren bisherigen Berufen, dem Handel mit Landesprodukten und dem Kreditgeschäft, fest.[47] Innerhalb dieser Landgemeinden gelang jedoch einer mehr oder weniger großen Zahl von Juden der wirtschaftliche Aufstieg durch ihre traditionellen Berufe des Geld- und Viehhandels, der später jenen Familien, die sich um das Bürgerrecht in Freiburg bewarben, die erforderliche Vermögensgrundlage einbrachte.[48]

Wie wenig sich an den wirtschaftlichen und sozialen Strukturen durch die Revolution geändert hatte, zeigt ein Zwischenfall aus dem Jahre 1851 aus Auggen: Dort hatte am 16. Juni der liberale Abgeordnete Blankenhorn eine Versammlung der Wahlmänner einberufen, um über Mittel gegen „schamlose . . . Prellereien" und „endlose Zwangsversteigerungen" zu beraten. Der Berichterstatter der „Neuen Freiburger Zeitung" fuhr fort:

„Denn verhehle man es ja nicht, bei weiterer Fortsetzung des bisherigen Verfahrens werden nicht nur ganze Gemeinden zum Opfer gewinnsüchtiger Speculanten, *zu denen wir hauptsächlich einen großen Theil der Juden rechnen* (Hervorhebung d. Verf.), nein, es geht auch der Glaube an's Recht, die moralische Grundlage einer geordneten Gesellschaft, verloren . . ." (Neue Freiburger Zeitung Nr. 145 vom 21.6.1851).

Als sicherstes Gegenmittel, diesem Spekulantentum zu steuern, empfahl der Verfasser die Errichtung von Kreditanstalten auf dem Lande und eine strenge Behandlung der Hausierer und vagabundierenden Trödler: „Insbesondere wurde hervorgehoben, daß zur Verhinderung von Betrügereien hauptsächlich auf schlechte als Betrüger bekannte Subjecte ein wachsames Auge zu richten sei, und daß dieselben, wenn sie irgendwo, ohne daß sie sich über einen ordentlichen Erwerb ausweisen können, betroffen werden, als Vagabunden durch die Polizei in ihre Heimath transportirt und dort nebenbei bestraft werden. Eine ernste Mahnung an die Bürgermeister und überhaupt an alle redlichen Bürger zu erlassen, ihre Mitbürger vor dem Umgang mit *solch übelberüchtigten Subjecten, worunter wir nicht selten Juden finden,* zu warnen, wurde ebenfalls für geeignet erfunden und den Pfandgerichten die größte Aufmerksamkeit bei Einträgen in's Pfandbuch anempfohlen" (ebd.).

Offensichtlich gab es in Freiburg weiterhin Leute, die derartige Nachrichten sofort aufzugreifen bereit waren, um vor jüdischen Geldgeschäften zu warnen. Es kam jedoch noch zu einer Gegenreaktion. Der Synagogenrat von Müllheim wandte sich an Blankenhorn, um ihn auf die Folgen seiner Versammlung hinzuweisen. Blankenhorn rechtfertigte sich unter dem Hinweis darauf, daß er keine Pauschalverdächtigung von Juden beabsichtigt habe, sondern eine gerichtliche Untersuchung von Fällen christlicher wie jüdischer Wucherei anstrebe. Darauf der Synagogenrat:

„Dagegen hält der unterzeichnete Vorstand für Pflicht, den Abg(eordneten) Blankenhorn auch in dem, was er *nicht* beabsichtigt, vor den Folgen zu verwahren. Es

haben nämlich einzelne Correspondenten der N(euen) Fr(ei)b(ur)g(e)r Z(eitung) von dem Vorfall in Auggen Veranlassung genommen, den Judenhaß im Allgemeinen wieder aufzustacheln und eine ganze Religionsgesellschaft vor der Öffentlichkeit zu verdächtigen, weil man in ihrer Mitte freilich mehr Wucherer zählt als man zählen sollte, weil es an jedem Einzelnen zu viel ist, – während aber das eigenthümliche Schicksal dieser Religionsgesellschaft darin besteht, daß das Vergehen des Einzelnen der Gesammtheit zur Last gelegt wird. – Dies lag in der Absicht des Abg(eordneten) Blankenhorn nicht, und jetzt liegt es auch nicht in der meinigen, gegen die Angriffe der Judenfeinde aufzutreten, sondern ich bezwecke durch die gegenwärtige Berichtigung blos die Quelle der neuerlichen Zeitungsartikel gegen die Juden von Mißverständnissen zu reinigen. – Der Vorstand des Syn(agogen)rats: Mayer jun(ior)." Dem schloß sich die Redaktion der „Neuen Freiburger Zeitung" an, indem sie in einer Nachschrift bemerkte:
„Gemein und niederträchtig ist es, einen Menschen wegen des Glaubens, in dem er geboren wird, zu verfolgen. Nicht das Bekenntniß, sondern die Individualität des Characters macht den Wucherer. Es gibt sehr ehrenwerthe Leute unter den Juden, und ich verwahre mich auf das ernstlichste, wenn ich gegen Wucherei schreibe, damit einen Glauben zu meinen. Leider sind unter den Christen des Landes sehr infame Wucherer. Ich verspreche meinen Lesern, diesen Satz nächstens durch eine Blumenlese des oberländischen Wuchers zu beweisen. Die Redaction" (Neue Freiburger Zeitung Nr. 150 vom 27.6.1851).
Man mag hier bereits erste Anzeichen von einer Umorientierung in der Einschätzung von wirtschaftlichen und sozialen Phänomenen entdecken – aber diese steckten allenfalls in den Anfängen. Der Kapitalmangel jener Jahre, die fehlenden Kreditanstalten vor allem auf dem Lande, aber auch noch in den kleinen und mittleren Städten, die Tatsache, daß Juden im Kreditgeschäft überproportional zur Bevölkerung repräsentiert waren, und die weiterhin fortbestehende, für vorkapitalistische Wirtschaftsformen typische, moralische Verurteilung von Geldgeschäften als „Wucherei" mischten sich und bildeten noch immer eine Hypothek für den Emanzipationsprozeß der Juden.[49] Mit der fortschreitenden wirtschaftlichen und industriellen Entwicklung verschaffte sich langsam eine nüchternere Einsicht Raum.[50] Für Freiburg lassen sich allenfalls Anfangs- und Endpunkt dieser Entwicklung in etwa andeuten: Im Jahre 1851 beschwerten sich die Freiburger Zünfte über Konkurrenz aus „übersetzten" Gewerben in Nachbargemeinden – ein Beispiel für immer noch bestehende Fragmente des ehemals geschlossenen Zunft- und Konzessionswesens, das sich im Laufe der fünfziger Jahre endgültig auflöste. Zehn Jahre später, im Juni des Jahres 1860, stimmte im Freiburger Kaufhaussaal die erste Wanderversammlung der badischen Gewerbevereine für eine Reform des Zunftwesens, und auf die Umfrage des Handelsministeriums vom Oktober des Jahres gab die Freiburger Handelskammer ihr Votum zugunsten von Gewerbefreiheit und Freizügigkeit ab. Damit hatte die „Neue Ära" auch in Freiburg begonnen.[51]

Freilich war dem nun regierenden Liberalismus in Baden von Anfang an in der katholischen Kirche ein Gegner erwachsen, mit dem es in der Folgezeit zu beträchtlichen Diskussionen über die Frage des Verhältnisses zwischen Staat und Kirche kam.[52] Die im Laufe der sechziger Jahre erneut sich verschärfenden Fronten bestimmten besonders in Freiburg als dem Sitz des Erzbistums das politische Tagesklima und blieben nicht ohne Folgen für die Entstehung einer israelitischen Gemeinde in Freiburg.

5. Freiburg und das Emanzipationsgesetz von 1862

Innerhalb der großangelegten liberalen Politik der „Neuen Ära" bildete der endgültige Abschluß der Judenemanzipation durch die Bewilligung auch der gemeindebürgerlichen Rechte nur einen Teil, einen Teil jedoch, den der damalige Innenminister Lamey gegen den Widerstand vieler seiner Parteifreunde durchsetzte. Bereits in seinem Brief an Großherzog Friedrich I. vom 3. August 1860, in dem er unter Berufung auf das Prinzip der Rechtsgleichheit für die Gleichstellung plädierte, hatte er Schwierigkeiten vorausgesehen. Mit Seitenblick auf seine früheren Erfahrungen bemerkte er:

„Der Freiburger, der Konstanzer z.B. glaubt, daß sobald die Emanzipation eintritt, die Stadt Freiburg – Konstanz, seither judenfrei, mit Juden überschwemmt würden und so insbesondere im Handelsstand für die Christen eine Konkurrenz erwachse, welche sie bei der Regsamkeit und Genügsamkeit jüdischer Handelsleute nicht zu bestehen vermöchten" (zitiert nach Gall, Liberalismus, S. 142 ff.).

Das nun allerdings war tatsächlich die Frage. Gegen die anstehende Gesetzesänderung wurden von 194 Gemeinden Petitionen mit zusammen 18 100 Unterschriften eingereicht, davon waren 180 lithographierte Formulare, die anonym an die Gemeinden verschickt worden waren.[53] Wie stand man in Freiburg zur Judenemanzipation?

Bereits von 1861 stammt ein in Freiburg gedrucktes Pamphlet mit dem Titel „Auch einige Worte über die Emancipation der Juden". Der anonyme Verfasser vertrat darin die Ansicht, daß der bevorstehende Abschluß der Judenemanzipation nicht ratsam sei, obwohl er selbst zugab, daß man sich der neuen Bürger, was Intelligenz und gewisse häusliche Tugenden beträfe, nicht zu schämen brauche. Auch an ihrer Religion sei an sich nichts auszusetzen – immerhin bilde ja das Judentum die Grundlage des Christentums. Allein der Charakter dieses Volkes böte doch Anlaß zu berechtigter Sorge: Er habe sich nämlich, trotz eines mehr als tausendjährigen Umgangs mit den Christen und insbesondere den Deutschen nicht wesentlich zum Besseren verändert!

„Es muß also ein tiefer liegender Grund vorhanden sein, welcher diesen Charakter und dieses Gebahren bedingt und eine Veränderung desselben hindert. Dieser tiefer liegende Grund ist aber nach unserer Ansicht nichts Anderes als *das jüdische Sittengesetz* ..." (StadtAF, Sammelmappe Juden, S. 5 des Pamphlets).

Was unter diesem als antisozial aufzufassenden Sittengesetz zu verstehen sei, dafür gibt er ein 'authentisches' Beispiel:

„Der Verfasser hörte einst mit eignen Ohren, wie ein jüdischer Kleiderhändler, der von einem Käufer wegen Prellerei, freilich zu spät, zu Rede gestellt wurde, ihm entgegnete: 'Ja was, theuer verkaufen ist eine Kunst'. Das 'Theuer verkaufen' bestand aber darin, daß er mehr als das Doppelte des Werths von dem Käufer auf wirklich niederträchtige Weise herauszupressen gewußt hatte. In diesen Worten 'theuer verkaufen ist eine Kunst' scheint mir das Mangelhafte der sittlichen Anschauung der Juden klar ausgedrückt zu sein, der Mangel der Erkenntniß, daß nicht nur das Anheischigmachen von Etwas Fremdem, das Nehmen, Stehlen, Rauben, wovon das Gebot (= die Gesetze des Alten

Testaments, Anm. d. Verf.) spricht, sondern auch das Nehmen eines Gewinns über ein gewisses Maß hinaus eben nicht recht, also unsittlich ist, daß man ehrlich handeln soll, nicht nur weil es sehr oft nützlich sein kann, sondern weil es an sich gut und recht ist" (ebd., S. 7).

Offensichtlich kann man für „Sittengesetz" am ehesten „Geschäftsmoral" setzen. Den Argumentationsverlauf des Pamphlets bestimmt eine Mischung aus christlich gefärbten Argumenten, deutschem Nationalgefühl und den altbekannten, wirtschaftlich motivierten Einwänden gegen Juden. Wenn der Verfasser am Ende ausruft – „Darum: Emancipiren? Ja! Aber vorher emancipirt euch selbst." – klingt die alte Forderung all jener Landtage nach, die den Juden unter Berufung auf deren unproduktive und „schädliche" Berufsarten die vollständige Emanzipation verweigert hatte.[54]

Daß es innerhalb der Freiburger Bürgerschaft nach wie vor eine Gruppe von Bürgern gab, die der gemeindebürgerlichen Gleichstellung der Juden ablehnend gegenüberstand, zeigt eine Petition vom 18. Februar 1862, die von 201 Freiburger Geschäftsleuten unterschrieben worden war und der Zweiten Kammer vorgelegt wurde (Anhang 2). In ihr bestanden die Bittsteller auf dem Prinzip der Gemeindefreiheit, d.h. der freien Verfügung der Gemeinden über Bürgeraufnahmen wie Gemeindevermögen, und lehnten von daher die durch die geplante Aufhebung des § 58 (vormals § 54) des Bürgerrechtsgesetzes drohenden „Zwangsannahmen" von Israeliten als Gemeindebürger ab. Bezeichnend war immerhin, daß mittlerweile eine andere Argumentation als eine solche, sich 'freisinnig' gebärende nicht mehr möglich war. Auch die Rede des Freiburger Abgeordneten Federer vor der Zweiten Kammer verriet das Bewußtsein, daß die Opposition zur Judenemanzipation nicht mehr zeitgemäß war, und so beschränkte er seinen Antrag darauf, die vollständige gemeindebürgerliche Gleichstellung dem Lauf der Zeit und dem freien Willen der Gemeinden zu überlassen. Währenddessen sollten die Israeliten, ihre neuen Möglichkeiten durch Gewerbefreiheit und Freizügigkeit nutzend, Gelegenheit bekommen, sich als wahre Bürger zu beweisen. Der Schlußabstimmung blieb Federer fern (Neue Freiburger Zeitung Nr. 100 vom 27.4.1862).

Die „Neue Freiburger Zeitung" hatte (in den Nummern 70 sowie 97-100) ausführlich, aber kommentarlos über das anstehende Gesetz berichtet, die Petition der Freiburger Bürger erwähnt, den Kommissionsbericht des Abgeordneten Häusser, aber auch die Rede des Abgeordneten Federer in voller Länge abgedruckt, so daß nicht eindeutig zu klären ist, welche Position die Freiburger Zeitung als das offizielle Organ Freiburgs selbst einnahm. Die Ausführlichkeit der Berichterstattung deutet immerhin auf ein gewisses Interesse innerhalb der Stadt an diesem Thema hin.

Jene Geschäftsleute, welche die Petition unterzeichneten, machten nur etwa ein Fünftel der Freiburger Geschäftswelt aus. Erwartungsgemäß waren auch diesmal wieder einige Berufsgruppen überproportional vertreten: Handelsleute (39), Metzger (25) und Schuhmacher (18) bildeten zahlenmäßig die größten Kontingente der Bittsteller. Wie in den Jahren 1849/50 waren auch wieder die Gerber und Goldarbeiter unter den Gegnern. Doch das Bild des eng begrenzten Berufsspektrums, das sich noch dreizehn Jahre zuvor ergeben hatte, hatte sich geändert: die Unterzeichneten verteilen sich über 46 Berufe. So machten die Petenten bei den Handelsleuten (39), den Metzgern (25), Färbern (3), Goldarbeitern (3), Hafnern (5), Gerbern (3) und Wachsspinnern (1) jeweils etwa die Hälfte von der Gesamtzahl der jeweiligen Berufsgruppe aus, bei den Buchbindern (4) und Säcklern (2) waren es ungefähr ein Drittel, bei den Lackierern (2), Bäckern (8), Bierbrauern (4), Müllern (3), Schuhmachern (18), Tapezierern (2) und Uhrmachern (2) etwa ein Viertel, bei den Schreinern (6) ein Fünftel und bei den Schneidern (6) ein Sechstel. Kaum mehr

vertreten waren, im Gegensatz zu 1849/50, die Wirte. Verschwindend gering fiel auch die Zahl der Landwirte sowie der Arbeiter aus. Jedoch fanden sich immerhin sieben Angestellte des Verwaltungsdienstes auf der Unterschriftenliste, die offensichtlich künftige Berufskontakte mit Juden fürchteten, so z.B. der Kassier und der Verwalter des Leihhauses sowie der Gerichtsvollzieher.
Wieder einmal hatte sich also in Freiburg eine Opposition gegen die Zulassung von Israeliten in die Gemeinde gebildet, die diesmal jedoch erfolglos blieb. Wenn Angst vor jüdischer Konkurrenz das Motiv des Handelns gewesen sein sollte, so zeigte die spätere Entwicklung, daß diese allenfalls bei den Handelsleuten gerechtfertigt gewesen wäre. Es ist jedoch durchaus möglich, daß sich im Protest gegen die Judenemanzipation auch das letzte Rückzugsgefecht des alten, von Zunftwesen und Gemeindeautonomie geprägten Denkens niederschlug. An dem Zuzug und der Niederlassung von jüdischen Geschäftsleuten wäre nach der Einführung der Gewerbefreiheit und der Freizügigkeit ohnehin nichts mehr zu ändern gewesen; so glaubte man wenigstens das Recht der Bürgerannahme verteidigen zu müssen.

Immerhin fallen auf der Unterschriftenliste einige bemerkenswerte Abwesenheiten auf: So fehlte beispielsweise der Eisenwerkbesitzer Eduard Fauler, der von 1859 bis 1871 das Bürgermeisteramt von Freiburg bekleidete und dessen Name noch 1849/50 auf der Gegnerseite aufgetaucht war. Man kann darin erste Anzeichen einer Verschiebung der Fronten innerhalb Freiburgs erkennen, erste Anzeichen der Herausbildung eines liberalen Kerns innerhalb der Bürgerschaft – ein Prozeß, der durch den späteren badischen Kulturkampf, der 1863 in voller Schärfe ausbrach, entscheidend beschleunigt wurde. Zunächst einmal fanden jedoch, in aller Stille und ohne Spuren von Polemik oder Agitation, die ersten Zuzüge und Bürgerannahmen von Israeliten statt.

6. Die ersten jüdischen Bürger in Freiburg (1862-1864)

Mit dem – jetzt endlich erfolgreichen – Bürgerannahmegesuch des Hofgerichtsadvokaten Näf vom 28.10.1862 wurde die Reihe von Bürgerannahmsgesuchen von neu zugezogenen Israeliten eingeleitet, so daß bei der Generalversammlung der in Freiburg wohnhaften Israeliten von 1864 bereits neun der Gründungsmitglieder der Gemeinde das Bürgerrecht besaßen. Weitere zehn kamen im Laufe der nächsten Jahre hinzu. Etwa die Hälfte jedoch begnügte sich zunächst mit dem vom Bürgerrecht unabhängigen Recht der Niederlassung und der Gewerbeausübung, nicht zuletzt wohl aufgrund der beträchtlichen Einkaufsgelder sowie des erforderlichen Vermögensnachweises.[55]

Aus den 35 Namen der Synagogenratswahlliste von 1864 ergibt sich unter Hinzuziehung der vorhandenen Bürgerannahmeakten und des Freiburger Adreßkalenders folgendes Bild der Gründungsmitglieder der Gemeinde: Von jenen, über die durch die Bürgerannahmeakten nähere Informationen vorliegen, waren alle – mit Ausnahme Näfs und des israelitischen Wirts Max Weil – Handelsleute, die aus den umliegenden Landgemeinden (Eichstetten, Rust, Breisach, Müllheim, Sulzburg, Altdorf) zugezogen waren. Nur der aus Hessen zugezogene Maier Marx war 'Ausländer' und mußte sich vor Erwerb des Bürgerrechts erst um das badische Indigenat bemühen, das ihm jedoch anstandslos erteilt wurde.[56]

Ihrem angegebenen Vermögen nach zu urteilen, gehörten sie zu der reicheren Oberschicht innerhalb der jüdischen Gemeinde: Unter den vierzehn Bewerbern um das Bürgerrecht (Näf und M. Weil machten keine Angaben zum Vermögen) wies einer ein Vermögen von über 20 000 Gulden nach, jeweils sechs ein Vermögen zwischen 10 000 und 20 000 Gulden bzw. zwischen 2000 und 10 000 Gulden, und nur einer – Salomon Weinheim, dessen Gesuch aufgrund seiner Jugend vorerst abgelehnt wurde – brachte gerade das Minimum von 1000 Gulden auf.[57]

Bis auf wenige Ausnahmen – drei Staatsbeamte und den israelitischen Wirt – waren alle Bewerber Handelsleute, von denen die meisten unter ihnen sehr früh eigene Geschäfte eröffneten. Dabei ist deutlich zu erkennen, daß sich diese auf jene Produkte und Erzeugnisse konzentrierten, mit denen sie auch zuvor auf dem Lande gehandelt hatten: auf Kleider und Tuchwaren (6), auf Rohprodukte wie Lumpen und Federn (2), auf Leder (1), auf Metalle (2), auf Vieh (1) und auf Wein (1). Ein Gemischtwarenhändler sowie ein Agent und ein Kommissionshändler traten hinzu (s. Tabelle 3).

Auf der Grundlage der leider unvollständig erhaltenen Unterlagen der Volkszählung von 1864 (StadtAF, C 1 Volkszählung 2-4 V 1864) ist es möglich, einen Blick in einige der Haushalte zu werfen: So wohnte Hofgerichtsadvokat Näf mit Frau und zwei Kindern im eigenen Haus in der Stephanienstraße 3. Dem Haushalt gehörten zwei Mägde an, von denen die eine katholisch, die andere evangelisch war – dies zur Illustration, daß solch ein Zusammenleben offensichtlich möglich war. Auch im Haushalt von Jacob Weil, seiner Frau und seinem Sohn lebten eine katholische und eine evangelische Magd. Außerdem hatte Weil offensichtlich zwei Neffen seiner Frau aufgenommen, von

Tabelle 3:

In Freiburg wohnhafte Israeliten

(Zusammengestellt aus Angaben der Synagogenratswahlliste von 1864 (StadtAF, C 2 Judensachen 75/1 [2]), der vorhandenen Bürgerannahmeakten (StadtAF, C 1 Bürgerannahmen) sowie der betreffenden Jahrgänge des Freiburger Adreßkalenders)

Name lt. Synagogenrats-wahlliste	Herkunft	1)	2)	Beruf bzw. Geschäft (H = Handelsmann)
Nephtali Näf	Wangen	1847	28.10.1862	Hofgerichtsadvokat
Seligmann Reiss	Breisach	1864	6.3.1863	H: Gemischtwarenladen Salzgasse 521
Jacob Weil-Friedberg	Sulzburg	1864	5.5.1863	H: Metall en gros, Export (Mai 1863)
Max Zivi	Müllheim	1865	1.7.1863	H: Weingeschäft
Jacob Rieser	Sulzburg	1864	4.8.1863	H: Ledergeschäft (Februar 1863)
Samuel Weil	Eichstetten	1867	25.8.1863	H: Geschäftsführer Filiale Seligmann
Salomon Pollock	Rust	1863	25.8.1863	H: Kleider u. Tuchwaren (Februar 1863)
Heinrich Zivi-Lang	Müllheim	1864	5.10.1863	H
David Hemmerdinger	Eichstetten	1863	2.11.1863	H
Emanuel Uffenheimer	Breisach	1864	3.2.1864	H: Geschäft (Februar 1863)
Josef Weil	Eichstetten	1867	17.6.1864	H: Federn
Maier Marx	Gainsheim/ Hessen	1864	6.12.1864	H: Langwarengeschäft Kaiserstraße 461
Samson Dreyfuhs	Altdorf	1865	4.8.1865	H: Fa. Gebr. Dreyfuhs Kurzwaren (März 1864)
Salomon Weinheim	Rust	1866	9.11.1865	H: Fa. Weinheim & Pollack, Rohprodukte
Max Weil	Eichstetten	1847	27.12.1867	Israelitischer Gastwirt
Lazarus Pollack jg.	Rust	1865	3.11.1868	H: Fa. Weinheim & Pollack, Lumpen
Süskind Bloch	?	1864	1871	H
Samuel Dreyfuhs	(Altdorf)	1865	–	H
Abraham Ellenbogen	?	1864	–	H
Fürst	?	1864	–	Rechtsanwalt
Nathan Geihsmar	?	1863	1867	H
M. Goldschmitt	?	1865	–	Lohgerber
Heinsheimer	?	1863	–	Kreisgerichtssekretär
Herzel Levystein	?	1863	–	H: Kleider

Carl Lion	?	1863	–	H: Kleider
Moses Loeb	?	1865	–	H
Silas Mayer	?	1865	–	H
Lazarus Pollack alt	(Rust)	1864	–	H
Jacob Rieser	?	1864	1865	H
S(alomon?) Springer	?	1864	–	H
Nathan Uffenheimer	?	1866	–	H: Viehhändler
Adolf Weil	?	1865	–	Agent
Louis Weil	?	1862	–	Musiker, ab 1864 Kommissionshändler
Jacob Weinheim	?	1865	–	H, ab 1866 Privatier
Theodor Weyl	?	1863	–	H: Eisen

1) Erste Erwähnung im Freiburger Adreßkalender
2) Datum der Bürgerannahme bzw. erstmalige Aufführung als Vollbürger im Adreßkalender

denen der eine Medizin studierte und der andere das Freiburger Lyzeum besuchte. Ein aus Preußen stammender, katholischer Kommis lebte ebenfalls in Weils Haushalt in der Stephanienstraße 29, zu dem auch ein Gebäude für den Gewerbebetrieb gehörte, in dem die Firma Weil-Friedberg (Metall en gros) ihre Geschäfte betrieb. Im Haushalt von Salomon Pollack lebte neben dessen Frau und zwei Kindern (von denen die Tochter sich als Häfnerin ihren Lebensunterhalt verdiente) ein katholischer Lehrling. Das Haus in der Eisengasse 868 war als Handels-Wohnhaus deklariert und umfaßte sechzehn Wohnräume, drei Küchen und zwei offene Läden. Von diesen sechzehn Wohnräumen bewohnte die Familie Pollack allerdings nur vier, der Rest war an drei Mieter vermietet. Ein ähnliches Bild ergibt sich bei den Haushalten von Heinrich Zivi-Lang (Bahnhofstraße 12), Max Zivi (ebenfalls Bahnhofstraße 12) und Süskind Bloch (Am Holzplatz 36). Eine gewisse Ausnahme, was den Beruf betrifft, stellt Max Goldschmid dar, ein mit seiner Familie (Frau und fünf Kinder) aus Darmstadt zugezogener Lohgerber, der damit einer der wenigen ersten Gewerbsleute in der israelitischen Gemeinde war. Auch sein Haus (Botanischer Garten 143), das er als Hauptmieter bewohnte, besaß noch Geschäfts- und Gewerbsräume sowie eine Werkstätte, einen Fabrikraum und ein Magazin.

Nicht alle Neuzugezogenen konnten sich freilich gleich ein Haus leisten. Lazarus Leser mietete sich zunächst einen Raum in der Nußmannsgasse 912. Seine Familie, die nicht erwähnt wird, hatte er offenbar vorerst in Altdorf zurückgelassen. Schließlich wohnte auch Kreisgerichtssekretär Heinsheimer, der um 1865/66 von Freiburg weggezogen zu sein scheint, zur Miete in der Zähringerstraße 938. Eine weitere Möglichkeit, für die erste Zeit unterzukommen, war das Wirtshaus: So befanden sich unter den 34 Gästen des Wirtshauses in der Engelgasse 895 fünf jüdische Kaufleute, von denen sich allerdings keiner auf Dauer in Freiburg niedergelassen zu haben scheint; es handelte sich wohl um Handlungsreisende aus Württemberg, Preußen, Sachsen und Hamburg.

7. Die Gründung der israelitischen Gemeinde Freiburg (1864/65)

Zu Beginn des Jahres 1864 versammelten sich die mittlerweile in Freiburg wohnenden Israeliten zu einer Generalversammlung, in der sie die Gründung einer Religionsgemeinde beschlossen und sich auf deren Statuten einigten. Sie erklärten, sich allen aus dem Gemeindeleben erwachsenden Verpflichtungen zu unterwerfen, auch wenn dies für jene, die noch in ihrer alten Gemeinde das Bürgerrecht innehatten, eine Doppelbelastung bedeuten konnte. Die Einkaufsgelder für zukünftige Mitglieder und Heiratsgebühren wurden festgelegt, deren Einnahme zunächst der Synagogenbaukasse, später der Gemeindekasse zugute kommen sollte. Der Finanzbedarf der Gemeinde wurde zu einem Viertel auf die Familienoberhäupter, zu drei Vierteln auf das Vermögen verteilt. Dazu kamen noch indirekte Abgaben, die sich aus der Versteigerung oder der Verpachtung von Sitzen im Betsaal sowie aus der Bezahlung für Gemeindedienste ergaben. Mit Rücksicht auf ihren anfänglich wohl schwachen Finanzrückhalt wie auch aus der Überlegung heraus, daß für Armenunterstützung die politische Gemeinde zuständig war, erklärten die Gründungsmitglieder in § 5, daß die israelitischen Gemeinde dafür keinerlei Verpflichtung übernehme. Schließlich einigten sie sich darauf, die Mannheimer Gottesdienstordnung einzuführen und demzufolge „ein musikalisches Instrument" anzuschaffen. Wenn auch die Mehrzahl der Gründungsmitglieder aus konservativen Landgemeinden stammte, deutete dies doch darauf hin, daß bei der Gründung der Gemeinde Elemente des Reformjudentums Eingang fanden.[58]

Der Oberrat der Israeliten, dem der Entwurf der Statuten sowie eine Petition betreffs Gründung einer Gemeinde in Freiburg eingereicht worden war, empfahl zwar zunächst, mit der Gründung noch zu warten, bis die neue Verfassung für die Israeliten Badens fertiggestellt sei, erklärte sich aber dennoch bereit, die Petition dem Innenministerium vorzulegen, vorausgesetzt daß der § 5 bezüglich der Armenversorgung gestrichen würde. Der Bevollmächtigte der Freiburger Israeliten, Heinrich Zivi-Lang, antwortete darauf, daß sie zwar in eine Streichung des § 5 einwilligten, daß aber mit der Gründung einer israelitischen Gemeinde in Freiburg nicht länger gewartet werden könne. Bereits jetzt belaufe sich die hiesige israelitische Einwohnerschaft auf mehr als 100 Seelen, so daß die provisorische Anstellung eines Schächters und eines Kantors sowie die Pacht eines größeren Betsaals notwendig geworden sei. Die hieraus entstehenden Kosten könnten nur durch Umlage innerhalb einer Gemeinde gedeckt werden. Außerdem sei die Doppelbelastung, der sich jeder in Freiburg lebende und noch zu seiner Heimatgemeinde gehörende Israelit aussetze, auf die Dauer nicht zumutbar.[59]

Dieser Argumentation scheint der Oberrat schließlich zugestimmt zu haben, denn er leitete die nötigen Schritte in die Wege. Auf Anfrage erklärte der Freiburger Gemeinderat, daß er „nichts gegen Errichtung einer Israeliten Gemeinde in hies(iger) Stadt einzuwenden" habe, mit den vorgelegten Statuten (mit Ausnahme des § 5) einverstanden sei, stellte jedoch die Bedingung, „daß sich die Bittsteller, namens der israel(itischen) Gemeinde auch verbindlich erklären, die Kosten für ihre religiösen Bedürfnisse *für alle Zeiten* ohne einen Anspruch an die politische Gemeinde, selbst . . . bestreiten" zu wollen (vgl. Anhang 3).

Durch einen Erlaß des Innenministeriums (unterzeichnet von Lamey) wurde den Bittstellern am 21. Oktober 1864 das Korporationsrecht verliehen. Das Bezirksamt forderte nun den Gemeinderat auf, die Wahl des Synagogenrats anzuberaumen und zu leiten. Also ernannte das Bürgermeisteramt Seligmann Reiss zur Urkundsperson und forderte ihn auf, Mitgliederverzeichnis und Statuten einzureichen. Dann allerdings traten Verzögerungen ein. Unter vagen Ausreden des Bürgermeisteramts schien die Wahl hinausgeschoben zu werden. Auf wiederholte Nachfragen und schließlich Fristsetzung durch das Bezirksamt, an das sich die jüdischen Bürger gewandt hatten, wurde endlich die Wahl auf den 11. Januar 1865 festgesetzt. Allerdings hielt es das Bürgermeisteramt „in Hinsicht der besonderen hiesigen Verhältnisse" für im Interesse der israelitischen Gemeinde selbst liegend, die öffentliche Bekanntmachung der Wahl durch das städtische Verkündigungsblatt zu unterlassen. Statt dessen sollte der Wahltermin intern im Betsaal bekannt gegeben werden. So geschah es. Die Wahl, aus der Adolf Weil als Vorsteher hervorging, verlief unbemerkt. Auch in den Zeitungen erschien keine Meldung. Die Gründung der israelitischen Gemeinde Freiburg hatte sozusagen unter Ausschluß der Öffentlichkeit stattgefunden. Worin bestanden die 'besonderen' hiesigen Verhältnisse, die zu solchen Vorsichtsmaßnahmen geführt hatten?

8. Das politische Klima in Freiburg während der sechziger Jahre

Es wurde bereits darauf hingewiesen, daß sich dem seit 1860 regierenden Liberalismus in der katholischen Kirche ein Gegner entgegenstellte, so daß die „Neue Ära" Badens bereits in den sechziger Jahren von einem Kulturkampf gekennzeichnet war, der den späteren preußisch-deutschen Kulturkampf vorwegnahm.[60] In den kirchenpolitischen Gesetzen vom Oktober 1860 war als leitendes Prinzip die Souveränität des Staates über die Kirche festgestellt worden; und auch wenn sich de facto wenig am Rechtsstand der Kirche, wie er in der zurückgewiesenen Konvention von 1859 vereinbart worden war, änderte, so lösten jene Gesetze doch die ersten Unmutsbezeugungen von katholischen Kreisen aus. In der Folgezeit, als es um die Durchsetzung der praktischen Konsequenzen dieses Prinzips in den verschiedenen gesellschaftlichen Bereichen ging, kam es besonders in der Schulfrage zu einer scharfen Polarisierung der Fronten und zu einer radikalen Politisierung des Katholizismus.
Über diese konkrete Frage hinaus ging es aber noch um mehr. Es gelang der ultramontanen Strömung mehrfach (1859 in der Dankadressenbewegung anläßlich der Konvention, 1868 anläßlich der Zollparlamentswahlen) zu demonstrieren, daß die 'Stimme des Volkes' auf ihrer Seite war. Die Struktur des badischen Wahlsystems, das durch die Wahlkreiseinteilung die Städte gegenüber der Landbevölkerung bevorzugte und durch indirektes Wahlrecht dem liberalen Honoratioren-Bürgertum und der Beamtenschaft das entscheidende politische Gewicht gab, rechtfertigte immer wieder das Argument, das 'Volk' würde – allgemeines, geheimes und direktes Wahlrecht vorausgesetzt – ganz anders wählen. Unter Berufung auf einen so gearteten 'Volkswillen' konnten katholische Zeitungen – und in Freiburg gab es seit 1859 wieder eine, das „Freiburger Katholische Kirchenblatt" – die Politik der Liberalen wiederholt angreifen. So hieß es im Wahlaufruf zu den Kreisversammlungswahlen 1865 („Aufgebot an alle römisch-katholischen Männer in Baden"):
„Das Volk hat kein Verlangen nach Gewerbefreiheit, nach Hausiren, nach Berechtigung der Juden, sich überall anzusiedeln, gehabt, aber die Kammer hat solches beschlossen" (Freiburger Katholisches Kirchenblatt Nr. 33 vom 16.8.1865).
Der Kirchenkampf stellte „lediglich einen Aspekt des viel umfassenderen politisch-sozialen Konflikts dar, der die bäuerlich-kleinbürgerlichen Schichten des Katholizismus unter ihren konservativen Honoratioren mit dem liberalen Bürgertum konfrontierte" (Becker, Liberaler Staat und Kirche, S. 147).
Innerhalb Freiburgs schlugen 1864/65 die Wogen dieser katholischen Agitation besonders hoch. Über der Einführung der Ortsschulräte und Lameys taktisch unkluger „Gimpel-Rede" erhitzten sich die Gemüter.[61]
Gegen Ende des Jahres 1864 organisierten Preßvereine von Freiburg aus Deputationen an den Großherzog, um ihn zu bitten, auf dem Wege seiner fürstlichen Prärogative das unliebsame Gesetz aus der Welt zu schaffen. Katholische Versammlungen fanden statt, die vom liberalen Bürgertum mit Mißtrauen beäugt wurden. Anläßlich einer katholischen Bürgerversammlung kommentierte die „Freiburger Zeitung": „Das wandernde Casino (so die Bezeichnung der Zeit für

diese Versammlungen, Anm. d. Verf.) hat sich nun auch hier aufgespielt" (Nr. 26 vom 31.1.1865).
An der Versammlung vom 14. Februar in der Martinskirche, bei der übrigens alle Nichtkatholiken und Andersdenkenden ausgeschlossen worden waren, sollten an die 1200 bis 1400 Menschen teilgenommen haben, eine Zahl, zu der „Freiburger Zeitung" bemerkte: „eine Zahl, die in der That verschwindend klein erscheint, wenn man in Betracht zieht, daß wir inmitten einer fast ausschließlich katholischen Bevölkerung leben, unsere Stadt als Metropolitansitz eine zahlreiche Geistlichkeit besitzt und von hier aus von je her die Fäden der klerikalen Agitation gesponnen wurden" (Freiburger Zeitung Nr. 39 vom 15.2.1865).
Immer wieder wurde Wert auf die Feststellung gelegt, daß sich – bis auf notorische Ausnahmen – nur wenige Freiburger Bürger unter den Anhängern der katholischen Bewegung befänden und daß der Hauptanteil von der Landbevölkerung der Umgebung gestellt werde. Wie groß tatsächlich der Anteil jener sich engagierenden Katholiken an der Freiburger Bürgerschaft gewesen ist, muß hier offen bleiben. Anhand zweier Wahlmännerlisten von beiden Seiten, der katholischen wie der liberalen, aus den Jahren 1865 und 1868 läßt sich aber feststellen, daß sich Vertreter aller Berufe (und übrigens auch jener Bittsteller von 1862) auf *beiden* Seiten fanden. Von daher müssen Aussagen über soziale Struktur und Parteiengagement vorsichtig ausfallen, bis entsprechende Untersuchungen vorliegen.[62] Zeitgenossen wie Alban Stolz – selbst nicht frei von antijüdischen Tendenzen – fiel allerdings auf, daß besonders Kaufleute sich für die katholische Sache engagierten (Becker, S. 148 f.), und einem Gerücht zufolge war innerhalb der katholischen Versammlung bei einer Nachfeier im Bierkeller der Plan gefaßt worden, Listen gutkatholischer Handwerker und Gewerbsleute aufzustellen, damit man die Möglichkeit habe, nur noch bei Glaubens- und Gesinnungsgenossen einzukaufen (Freiburger Zeitung Nr. 41 vom 17.2.1865). Es ist also durchaus möglich, daß gerade in einer Stadt wie Freiburg, deren wirtschaftliche Expansion in den sechziger Jahren des 19. Jahrhunderts erst zögernd anlief, es nach wie vor eine Gruppe von Handwerkern und Handelsleuten gegeben hat, die von den neuen Errungenschaften der liberalen Zeit nicht profitierte. Immerhin hatte sich noch 1863 die „Freiburger Zeitung" über die Folgen der Gewerbefreiheit beklagt (Nr. 65 vom 18.3.1863). Inwieweit nun die katholische Agitation unmittelbar auf die Stärkung einer liberalen Haltung wirkte, wäre eine interessante Frage. In der „Freiburger Zeitung" vom 1. Mai 1864 heißt es jedenfalls:
„Jeder anständige Katholik wird sich mit Ekel und Abscheu von dem cynisch frivolen Treiben der klerikalen Ultras abwenden. Aber damit ist es nun nicht länger gethan. Es ist hoch an der Zeit, daß die wohldenkende katholische Bevölkerung Badens, die den Segen einer freisinnigen Regierung zu würdigen weiß, dies endlich auch unzweideutig kundgebe und sich offen und ehrlich lossage von aller und jeder Solidarität mit dem heillosen, catilinarischen Gebahren einer winzigen Partei, welche sich mit dem katholischen Christenthum zu identifizieren die blasphemirende Frechheit hat" (Freiburger Zeitung Nr. 103 vom 1.5.1864).

Worauf es in diesem Zusammenhang ankommt, ist die Beobachtung, daß sich in Folge dieser katholischen Aktivitäten auch der Ton in der „Freiburger Zeitung" verschärfte, und daß dem „Mißmuth über das unter dem Deckmantel der Religion geschürte factiöse Parteitreiben" (Nr. 43 vom 19.2.1864) freier Lauf gelassen wurde. Mit dem „Freiburger Katholischen Kirchenblatt" befand sie sich ohnehin seit deren Bestehen in ständiger Auseinandersetzung. Während die „Freiburger Zeitung" das katholische Blatt zusammen mit dem „Badischen Beobachter" für die „beiden schmutzigsten Organe einer schamlosen, verzweifelten Partei" hielt (Nr. 103 vom 1.5.1864), warf diese ihr einen „kirchenfeindlichen" und abwechselnd „protestantischen" oder „jüdischen" Charakter vor.[63]

Im April 1865 kam jedoch durch die Gründung eines weiteren katholischen Publikationsorgans ein neuer, noch schärferer Ton in die Auseinandersetzung. Der „Freiburger Bote", so der Name des Blattes, verstand sich als explizit katholisches Volksblatt. Sein Erscheinen wurde von der „Freiburger Zeitung" mit mehr als eindeutigen Worten zur Kenntnis genommen: Unter der Überschrift „Ein Scandalblättchen mehr" nannte sie den „Freiburger Boten" ein „kleines Pest-Ei, mit dem nichts Geringeres bezweckt ist, als den 'schwarzen Tod' in die Reihen der liberalen Presse und insbesondere der amtlichen Verkündigungsblätter zu tragen."[64] Der polemische Ton, den der „Freiburger Bote" in der Folgezeit anschlug, bestärkte die „Freiburger Zeitung" in ihrem liberalen Kurs.

Angesichts dieser Lage war es eine politisch kluge Entscheidung des Bürgermeisters gewesen, auf der Nichtöffenlichkeit der Synagogenratswahl zu bestehen. Tatsächlich finden sich in den ersten Jahren keine Spuren vom Gemeindeleben der Israeliten in den Zeitungen. In den seltenen Artikeln, in denen der „Freiburger Bote" von den Juden in Freiburg Notiz nahm, fiel dennoch das Urteil eindeutig aus:

„Von der Dreisam . . . Man lasse nur noch ein paar Jährlein die neuärarischen Errungenschaften und Freiheitsnehmer fortwirken, dann muß mancher reiche Ort zu einem elenden Judenneste werden, worin Fabrikarbeiter und Bettler traurig an den hübschen Häusern emporschauen, welche sie einst gebaut und im Besitze gehabt" (Freiburger Bote Nr. 42 vom 17.4.1866).

Schon das Wenige, was von der liberalen Politik des Bürgermeisters Fauler an die Öffentlichkeit drang, genügte dem „Boten" zu bemerken, daß die Juden der Stadt Freiburg „Hrn. Lamey als ihren großen, Hrn. Fauler als ihren kleinen Messias verehren" würden (Freiburger Bote Nr. 67 vom 21.6.1866).

Zu einem Eklat kam es allerdings Ende des Jahres 1866. Anlaß war ein Artikel im „Freiburger Boten" über die Juden in Österreich. Darin hatte es geheißen: „Nicht das Concordat, sondern die Juden als zur immerwährenden Peinigung und Kreuzigung Christi am Christenvolk bereite Geld- und Wuchermenschen sind ein Hauptunglück des Kaiserstaates" (Freiburger Bote Nr. 143 vom 27.12.1866).

Die betreffende Nummer wurde von der Staatsanwaltschaft „wegen Störung der öffentlichen Ruhe und Ordnung" konfisziert, und es kam zu einem Prozeß gegen den „Boten". Die „Freiburger Zeitung" hatte unmittelbar darauf einen empörten Gegenartikel verfaßt:

„Wie gewisse Leute zu Freiburg tolerant sind. (. . .) Der Freiburger Bote nämlich widmet neuestens den *Juden* seine Aufmerksamkeit, als welche ewigen Kreuziger und Peiniger Christ am Christenvolke seien. Man sieht, es gehört zum regelrechten Pfaffenthum auch eine frische, fröhliche Judenhetze. Und da man leider diese 'Schandflecken' der Menschheit nicht mehr zum Fenster hinauswerfen und sonst nach ordentlicher Christenmanier malträtiren kann, so erlaubt man sich, in der Presse sein Gift über dieselben auszuschütten. Pfui der Schande!" (Freiburger Zeitung Nr. 307 vom 30.12.1866).

Die Gegendarstellung des „Boten" über „Die Toleranz der Freiburger Zeitung" schloß daraufhin mit der Bemerkung:

„Wenn es nun Intoleranz ist, einer liederlichen und sittlich verrotteten jüdischen Presse gegenüber die Culturzustände in ihrer Wahrheit darzulegen, dann wollen wir der Freiburger Zeitung gern den Vorzug der Toleranz überlassen. Nur scheint sie solche weit mehr in der Schonung der Juden, als in einer gerechten Behandlung der Katholiken zu sehen" (Freiburger Bote Nr. 9 vom 19.1.1867).

Im Prozeß gegen den „Boten" übernahm Obergerichtsanwalt von Wänker, bekannt als katholischer Parteigänger, die Verteidigung. In einem Paradestück

„ächter Sophistik" verstand er nachzuweisen, daß der beanstandete Absatz keineswegs die Juden als solche gemeint habe:

„Die Anklage gibt selbst zu, daß zunächst von den *österreichischen* Juden die Rede sei. Aber er (sic) behauptet nichtsdestoweniger, der Vorwurf sei *allen* Juden, somit auch *badischen* gemacht . . . Ich sage dagegen: nichts rechtfertigt, den Ausspruch auf die jüdische Religionsgemeinschaft im Inlande zu beziehen. Im ganzen Artikel ist nur von Österreich und österreichischen Zuständen die Rede. Die dortigen Juden sind ausschließlich und allein gemeint. Eine Ausdehnung auf alle Juden wäre nur möglich, wenn man als unumstößliche Wahrheit den Satz aufstellte; die Juden sind überall Alle gleich. Nur auf diesen Satz, der für unsere jüdischen Mitbürger wenig Schmeichelhaftes hätte, könnte die Anklage gebaut werden. Dieser Satz ist aber unwahr: die österreichischen Juden sind etwas so Spezifisches als der polnische Jude. So wenig ein Ausspruch über die Judengenossenschaft in Polen auf badische Zustände bezogen werden darf, ebensowenig ist es zulässig, das, was den Juden in Österreich vorgeworfen wird, als einen Vorwurf gegen die unsrigen zu erklären" (Freiburger Bote Nr. 16 vom 5.2.1867).

Den Ankläger auf diese Weise zum eigentlichen Antisemiten zu stempeln, war natürlich ein geschickter Schachzug. Der „Bote" wurde freigesprochen und bejubelte den „Sieg der badischen Preßfreiheit" (Nr. 15 vom 2.2.1867). In einem Leserbrief an die „Freiburger Zeitung", der mit Zustimmung der Redaktion abgedruckt worden war (Nr. 25 und 28 vom 30.1. bzw. 2.2.1867), kritisierte ein Artikelschreiber „aus den Kreisen der Rechtsgelehrten" den Freispruch. Der beanstandete Absatz war seiner Meinung nach unmißverständlich auf *alle* Juden gemünzt. Möglich – aber nicht nachprüfbar –, daß Hofgerichtsadvokat Näf selbst zur Feder gegriffen hatte? Wie dem auch sei – triumphierend schlug der „Freiburger Bote" noch einmal in diesselbe Kerbe:

„Die Juden in Österreich (vielleicht auch sonst?) sind nahe daran, die eigentlichen Herren des Landes zu werden. Im Besitze der ersten Macht, des *Geldes,* haben sie auch noch die andere Großmacht, die *Presse,* in ihre Hände bekommen und bearbeiten so die öffentliche Meinung, wie es ihnen vorteilhaft dünkt. Sie sind mit einem Worte nahe daran, die *Tyrannen des christlichen Volkes zu werden"* (Freiburger Bote Nr. 27 vom 2.3.1867).

Diesmal scheint die „Freiburger Zeitung" klug genug gewesen zu sein, den Ausfall mit Stillschweigen zu übergehen. Der Zwischenfall macht deutlich, daß ein Klima öffentlicher Agitation der Entstehung der israelitischen Gemeinde hätte gefährlich werden können, wenn nicht Bürgermeisteramt und Vorstand der israelitischen Gemeinde darauf bedacht gewesen wären, alle wesentlichen Vorgänge sozusagen hinter der Bühne ablaufen zu lassen. Diese vorsichtige Haltung zeigte sich jedenfalls bei der Einrichtung jener für das Gemeindeleben notwendigen Institutionen: des Friedhofs, der Schule und der Synagoge. Wie weit die Liberalität des Gemeinderats in diesen Fragen ging, soll in den nächsten Kapiteln näher beleuchtet werden.

9. Die Errichtung des israelitischen Friedhofs (1865-1870)

Es gibt immerhin zu denken, warum der Freiburger Gemeinderat ausgerechnet am 14. April 1863 eine neue Friedhofsordnung billigte, in der § 1 bestimmte: „Der Friedhof ist die Begräbnisstätte aller in hiesiger Stadt und Herdern Gestorbener, christlicher Religion".[65]

Da die Ratsprotokolle keine näheren Aufschlüsse geben und die Friedhofsakten aus jener Zeit nicht erhalten sind, bleiben nur Vermutungen. Die Namen einiger der Gemeinderäte tauchten immerhin auf der Unterschriftenliste von 1862 auf. Insofern könnte es sein, daß jetzt auf diesem Wege versucht wurde, wenigstens die Verstorbenen der mittlerweile in Freiburg ansässigen jüdischen Bürger aus der Stadt zu verbannen.[66]

In der Anfangsphase der jungen Gemeinde führte dieser Zustand dazu, daß sie ihre Toten auf den weit entfernten Friedhöfen von Emmendingen und Schmieheim begraben lassen mußten: „. . . was neben großen Kosten noch größere Unannehmlichkeiten verursacht, so mußte um Beispiele anzuführen, Lazarus Pollack jr. eine Kindsleiche bei der ärgsten Hitze nach Schmieheim transportieren lassen, Heinrich Zivi-Lang der isr(aelitischen) Gemeinde Emmendingen für die Begräbnisstätte eines 6 Wochen altes Kindes f 25,— entrichten" (Schreiben des Synagogenrats vom 27.7.1865).[67]

Da diese Zustände auf die Dauer unhaltbar wurden, wandte sich der Synagogenrat im Juli 1865 endlich an den Gemeinderat mit der Bitte: „entweder die israel. Gemeinde dahin ermächtigen zu wollen, ihre Toten auf dem hiesigen allgemeinen Friedhof bestatten zu dürfen, oder wenn dies als unstatthaft erscheinen sollte, uns Mittel und Wege an die Hand zu geben, einen eigenen Friedhof für die israelitische Gemeinde erwerben zu können" (ebd.).

Die Antwort des Gemeinderats vom 8. August 1865 lehnte dies ab: Weder könne „zur Zeit" gestattet werden, daß sie ihre Toten auf dem hiesigen „allgemeinen" Friedhof beerdigten, noch die Möglichkeit in Betracht gezogen werden, ihnen unentgeltlich ein Geländestück zur Verfügung zu stellen:

„Wegen Errichtung eines *eigenen* Friedhofs müssen wir dorthin überlassen, ein passendes Grundstück, das, *möglichst entfernt* (Hervorhebung durch d. Verf.) in der *vorderstlichen* Umgebung der Stadt gelegen seyn müßte, ausfindig zu machen, und vorbehaltet der Genehmigung durch die städt(ische) und Staatsbehörde anzukaufen; wenn nicht zunächst vorgezogen werden sollte, mit der israel(itischen) Gemeinde in *Emmendingen* wegen Beerdigung der dahier † Israeliten — auf dem *dortigen* Friedhofe ein *Übereinkommen* zu treffen" (Schreiben des Gemeinderates vom 8.8.1865).

Unübersehbar war der Gemeindebehörde in den Anfangsjahren daran gelegen, die Errichtung eines jüdischen Friedhofs in Freiburg selbst zu vermeiden. Daß hierbei mögliche Rücksichtnahme auf tagespolitische Bedingtheiten, wie sie im vorhergehenden Kapitel aufgezeigt wurden, und — zumindest finanziell motivierte — Vorbehalte des Gemeinderates selbst zusammentrafen, muß wohl zur Erklärung dieser Haltung in Betracht gezogen werden. Schließlich hatte der Gemeinderat ja bereits 1864 der Gründung der israelitischen Gemeinde nur unter der Bedingung zugestimmt, daß diese „für alle Zeiten" auf Ansprüche an die politische Gemeinde verzichtete.

Die Angelegenheit ruhte also erneut, bis sich im Dezember 1866 die israelitischen Gemeindebürger selbst an den Gemeinderat wandten. Da sie – mittlerweile Freiburger Bürger geworden – das Recht auf Beerdigung in ihren Heimatgemeinden verloren hatten, waren sie die Hauptleidtragenden unter den bestehenden Verhältnissen und wiederholten daher die Bitte um die Errichtung einer Begräbnisstätte. Dabei wiesen sie auf die gesetzliche Lage hin, nach der die politische Gemeinde verpflichtet sei, für die Begräbnisstätte der Gemeindebürger zu sorgen.[68] Dieses Gesuch veranlaßte nun den Gemeinderat zu erstem Entgegenkommen: der Versicherung nämlich, daß „unsererseits ... bei einem vorkommenden Todesfalle der Beerdigung auf dem dermaligen Friedhofe kein Hinderniß im Wege" stehe, daß man aber um Geduld bitte, da zur Zeit über die Eröffnung eines neuen Friedhofes beraten werde, „womit sich *vielleicht* auch Ihre Angelegenheit in Verbindung bringen (gestrichen: und möglicherweise erledigen) lassen" werde (Beschluß des Gemeinderats vom 11.1.1867).

Die Anlage des neuen Hauptfriedhofs verzögerte sich allerdings wieder um zwei Jahre. Im Dezember 1868 wandte sich der Synagogenrat erneut an den Gemeinderat, um anzufragen, ob – da nun mit den Arbeiten zum neuen Friedhof begonnen worden sei – auf eine Begräbnisstätte für die hiesigen Israeliten Rücksicht genommen werde. Die Antwort des Gemeinderats fiel wiederum positiv aus. Darauf hielt es der Synagogenrat für nötig, auf den eigentlichen Stein des Anstoßes hinzuweisen: nämlich besagte Friedhofsordnung aus dem Jahre 1863:

„Sollen wir uns der Hoffnung, unsere Toten vorkommenden Falls auf dem allgemeinen Friedhof begraben zu dürfen, hingeben können, so müßte vor allen Dingen, diese hindernde, confessionelle Satzung aus der Friedhofsordnung entfernt werden" (Schreiben des Synagogenrats vom 17.12.1868).

So sah sich der Gemeinderat veranlaßt zu erklären, daß jene Friedhofsordnung zu einer Zeit erlassen worden sei, „in welcher die Verhältnisse ganz andere waren als solche dermalen sind", und daß es überdies in der Verfügungsgewalt des Gemeinderates liege, diese – von ihm selbst festgesetzte – Bestimmung jederzeit wieder aufzuheben (Schreiben des Gemeinderats vom 22.12.1868).

Nachdem nun nach der neuen Friedhofsordnung dieser einschränkende Paragraph tatsächlich weggefallen war, blieb eine Schwierigkeit bestehen, auf die der Synagogenrat im März 1870 hinwies:

„Es wird nun Verehrlichem Gemeinderath nicht entgangen sein, daß diese wahrhaft tolerante Friedhofsordnung, welche der Gemeindebehörde nur zur Ehre gereichen kann, in manchen christlichen Kreisen Anstoß gefunden und bei deren Verwirklichung erst recht finden wird, dabei wollen wir auch zugestehen, daß es viele Israeliten gibt, denen die Sitte die Gebeine ihrer Toten niemals auszugraben, heilig ist.

Um nun dem frommen christlichen Gefühl und der orthodoxen jüdischen Anschauung nicht zu nahe zu treten, möchten wir um ja keinen Anlaß zu fanatischen Demonstrationen zu bieten, Verehrlichem Gemeinderath einen Vorschlag unterbreiten, der allen religiösen Anschauungen gerecht würde, der Stadtgemeinde keine Schädigung zufügen und dem Geist der Duldung und Humanität welcher diese neue Friedhofsordnung durchweht keinen Abbruch brächte" (Schreiben des Synagogenrats vom 2.3.1870).

Der Rat schlug daraufhin vor, der israelitischen Gemeinde innerhalb des Hauptfriedhofs eine eigene Begräbnisstätte „gegen entsprechende Entschädigung" zu überlassen, um auf diese Weise ein ungestörtes und nicht störendes Ablaufen der Begräbnisriten zu ermöglichen. Dabei verwies er auf Konstanz, wo eine solche Lösung offensichtlich möglich gewesen war.

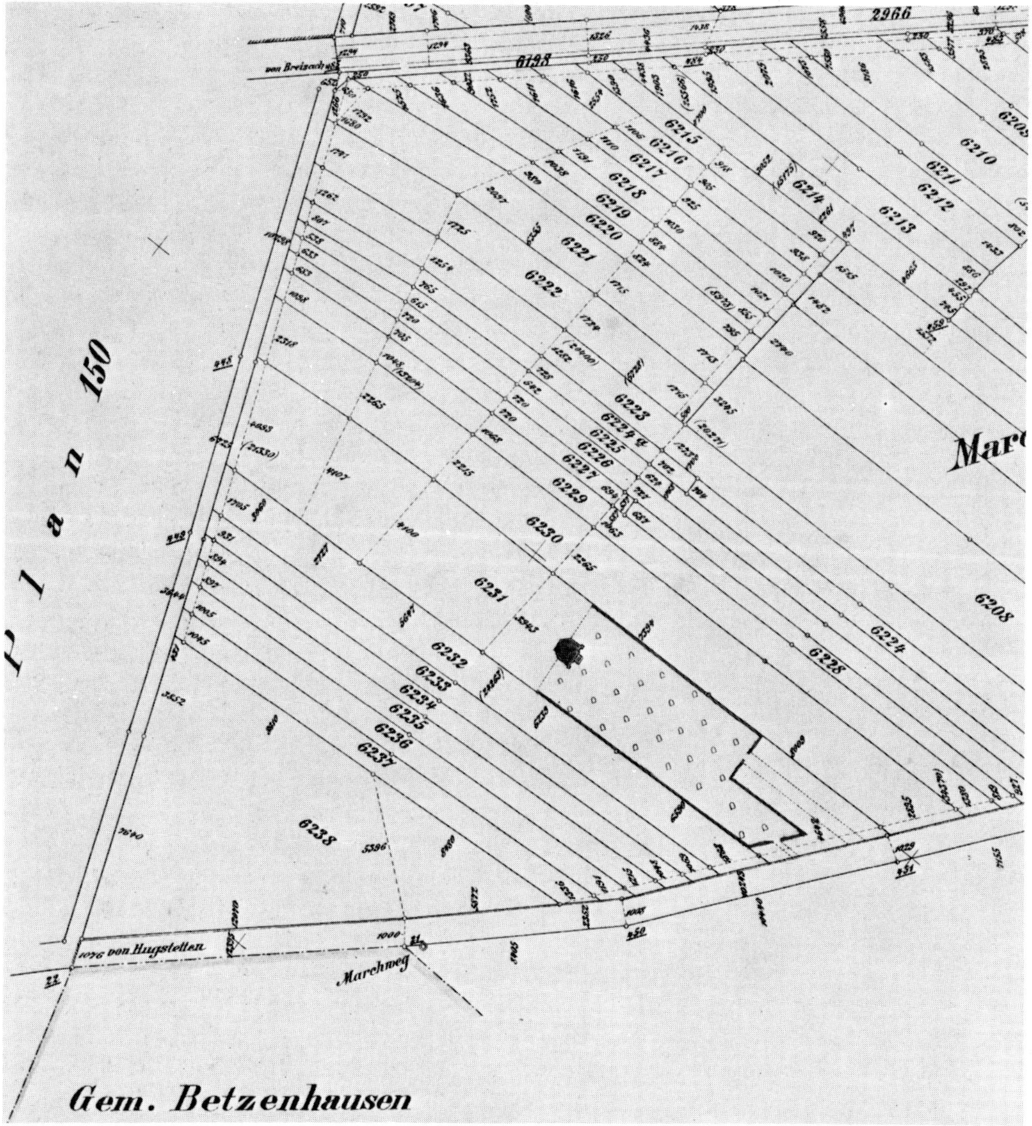

Lageplan des Friedhofs der Israelitischen Gemeinde (Maßstab 1:1500, Stand um 1900) Stadt AF, M 11/5 (Katasterpläne Nr. 101-150, Gemarkung Freiburg)

Die beiden Grundstücke in der Hugstetter Straße waren im alten Grundbuch unter den Eigentümern Josef und Crescentia Zähringer sowie unter Josef Zivi eingetragen. Der Kauf muß wohl 1870/71 zustandegekommen sein, wobei anzunehmen ist, daß Zivi seiner Gemeinde das Gelände billig oder umsonst zur Verfügung stellte.

Laut Angaben des alten Grundbuches ist das Grundstück mit der Lgb. Nr. 6231 aus folgenden Grundstükken entstanden:

Datum	Band	Heft	OZ	Eigentümer
12.6.1870	47	903	704	Josef Zähringer und Crescentia
11.11.1870	49	165	77	Josef Zivi
4.4.1881	63	183	82	Theresia und Maria Anna Brugger
8.11.1889	81	710	431	Eduard Faller und Berta Martin Rohrer (Wittnau)
8.11.1889	83	89	26	Simon Zloderer, vertreten durch Vormund Martin Rohrer, Gustav Lindle

Spätere Hinzukäufe und Erweiterungen:

Nr. 6230 (s. Plan) wurde 1928/9 an die israelitische Gemeinde verkauft (bisher. Eigentümer: Wilhelm Zimber, Landwirt) und 1931/8 vereinigt.

Nr. 6232 wurde 1909/10 gekauft und mit dem alten Gelände vereinigt (bisher. Eigentümer: Josef Hog, Hofbauer Ehefrau Karoline geb. Schweizer in Breitnau).

Das gesamte Grundstück trägt heute die Nr. 6231.

Dagegen hatte nun aber der Gemeinderat entschiedene Einwände:
„Der Friedhof der Gemeinde soll die gemeinsame Ruhestätte aller davon sein, welche auf demselben beerdigt werden. Eine nach Glaubensbekenntnissen vorzunehmende Aussonderung können wir auch deshalben nicht wohl gestatten, so gerne wir im Anbringen aller zur möglichsten Schonung religiöser Gefühle zulässigen Rücksichten zu nehmen stets bereit sein werden. – Wir wollen so wenig nach der einen als nach der anderen Seite hin verletzen; wir achten und ehren die Glaubensmeinungen, müssen aber wünschen, daß der Geist wahrer Duldung und ächter Humanität über den Grabstätten unserer Lieben herrsche, und was im Leben so vielfach geschieden und getrennt war, im Tode sich zum Frieden, den die Welt nicht zu geben vermochte, vereinen möge!" (Beschluß des Gemeinderats vom 8.3.1870). Es bliebe der israelitischen Gemeinde jedoch freigestellt, einen eigenen Friedhof zu erstellen.

Als zu dieser Frage eine Abstimmung innerhalb der israelitischen Gemeinde erfolgte, teilte der Synagogenrat im April 1870 dem Gemeinderat mit, daß er „... dieselbe in überwiegender Mehrzahl nicht dazu bestimmen (konnte), von der bei den Israeliten althergebrachten Sitte, die Ruhestätte der Toten für alle Zeiten unberührt zu lassen abzuweichen und es wurde von derselben zum Beschluß erhoben, einen eigenen israelitischen Friedhof zu errichten, dessen Ausführung wir uns, jede aufrichtige religiöse Empfindung achtend und um den Frieden in unserer Gemeinde zu erhalten, gerne unterzogen" (Schreiben des Synagogenrats vom 3.4.1870).

Ob es sich tatsächlich um 'aufrichtige' religiöse Empfindungen gehandelt hat, auf die sowohl Gemeinderat als auch die israelitische Gemeinde glaubten, Rücksicht nehmen zu müssen, oder ob es sich nicht vielmehr um die Fortsetzung der erwähnten ultramontanen Agitation handelte, muß dahingestellt bleiben, da

Teilansicht des Friedhofs der Israelitischen Gemeinde, Elsässer Str. 35, im heutigen Zustand (Aufnahme vom 22.8.1988) StadtAF, M 7/Neuzugänge

die betreffenden Jahrgänge (ab 1869) des „Freiburger Boten", der darüber sicherlich Aufschluß geben könnte, nicht erhalten sind. Das offizielle „Freiburger Katholische Kirchenblatt", das die radikale Ausrichtung des „Boten" ohnehin nicht billigte, überging alle die israelitische Gemeinde betreffenden Angelegenheiten mit Stillschweigen.
So kam es zur Errichtung eines gesonderten israelitischen Friedhofes. Zwar waren der Gemeinde bereits zwei Gelände auf der rechten und linken Seite der Hugstetter (heute Elsässer) Straße unterhalb des Heidenhofs zum Ankauf angeboten worden, doch hätte sie es vorgezogen, ihren Friedhof in größerer Nähe zum Hauptfriedhof zu errichten, da man dann die Leichenhalle hätte mitbenutzen können. Diese Bitte scheiterte jedoch daran, daß das angrenzende Grundstück kein städtisches Eigentum war, sondern der Heiliggeistspitalstiftung gehörte.[69]

Im Juni 1870 beantragte der Synagogenrat die baupolizeiliche Genehmigung, auf dem mittlerweile angekauften Platze in der Hugstetter Straße einen Friedhof zu errichten.[6] Als am Allerheiligentag 1872 der neue Freiburger Hauptfriedhof von den Vertretern der beiden christlichen Konfessionen eingeweiht wurde, war der israelitische Friedhof bereits fertiggestellt.

10. Die Schulfrage (1867-1875)

Bis zur Einführung der Simultanschule im Jahre 1876 bestanden in Freiburg konfessionell gebundene Volksschulen, die allerdings durch die Volksschulgesetze von 1864 und 1868 der Aufsicht von Ortsschulräten unterstellt worden waren. Offensichtlich besuchten die Kinder der israelitischen Einwohner Freiburgs von Anfang an diese Volksschulen wie auch die höheren Schulen. Laut einer Zeitungsnotiz des Jahres 1867 befand sich unter den 353 Schülern des Lyzeums neben 41 protestantischen auch ein israelitischer Schüler, und die höhere Bürgerschule besuchten neben 45 protestantischen zwei israelitische Kinder.[70] Während so die allgemeine Schulbildung mit den Kindern christlicher Konfession anscheinend problemlos stattfinden konnte, blieb die Frage des israelitischen Religionsunterrichtes über lange Zeit ein Streitpunkt zwischen israelitischer Gemeinde und dem städtischen Gemeinderat.[71]

Am 13. September 1867 wandte sich der Synagogenrat zum erstenmal mit der Bitte an den Gemeinderat, der israelitischen Gemeinde ein Schulzimmer zur Verfügung zu stellen, da das bisher benutzte laut Inspektionsbericht des Oberrats „ungenügend und der Gesundheit der Kinder unzuträglich" sei. Sehr entgegenkommend zeigte sich der Gemeinderat nicht, indem er auf diese Bitte erst einmal antwortete, derzeit von keinem passenden Schullokal zu wissen (Schreiben vom 1.10.1867). Also wies der Synagogenrat darauf hin, daß er „jedes beliebige Schulzimmer in einer der städtischen Schullocale und namentlich der 1ten Classe für geeignet" halte, da dort die Schüler schon morgens um 10 Uhr entlassen würden. Im übrigen erinnerte er den Gemeinderat an die gesetzliche Lage und betonte seine Kompromißbereitschaft:

„Obgleich es in dem Schulgesetzentwurf wie er unserer hohen Kammer vorliegt bereits vorgesehen ist, daß die politische Gemeinde für Herstellung der Schullocale für die confessionelle Schule aufzukommen habe, würden wir es doch vorziehen, wenn wir die Überlassung eines Schulzimmers für den isr(aelitischen) Religionsunterricht dem *freien* Entschluß verehrlicher Gemeindebehörde verdanken dürften, ehe fragl(icher) Entwurf als Gesetz in's Leben tritt" (Schreiben des Synagogenrats vom 7.10.1867).

Daraufhin hielt es der Gemeinderat für ratsam, den Freiburger Abgeordneten Straub um den betreffenden Schulgesetzentwurf zu bitten, um die Angaben der israelitischen Gemeinde zu überprüfen. Einen Monat später wandte er sich dann an den evangelischen Ortsschulrat – nachdem offensichtlich eine Anfrage an den katholischen Ortsschulrat entweder ganz unterblieben oder negativ ausgefallen war – und fragte bei diesem an, ob für die derzeitige Schülerzahl von 25 Kindern ein Schulraum zur Verfügung gestellt werden könne. Die evangelische Behörde zeigte sich bereit, der Bitte zu entsprechen. Die israelitische Gemeinde solle sich zwecks weiterer Vereinbarungen an ihren Vorsitzenden wenden. Erleichtert bedankte sich der Gemeinderat für das Entgegenkommen der evangelischen Gemeinde und teilte dem Synagogenrat das erfreuliche Ergebnis mit. Für die nächsten Jahre fand der israelitische Religionsunterricht in der evangelischen Volksschule in der Nähe der damaligen Ludwigskirche statt.[72]

Im Jahre 1871 wurde das Raumproblem erneut akut. Wegen der Nähe zur evangelischen Kirche und weil das evangelische Stift sich die Benutzung des zur Verfügung gestellten Raumes an Sonntagen selbst vorbehalten hatte, konnte an diesen Tagen kein Unterricht stattfinden. Mittlerweile war die Zahl der schulpflichtigen Kinder auf über 50 angewachsen und die israelitische Gemeinde nach § 9 des Schulgesetzes vom 8.3.1868 berechtigt, „die Errichtung einer isr(aelitischen) Volksschule von der politischen Gemeinde zu verlangen, da wir jedoch uns der Hoffnung hingeben, daß die Zeit nicht mehr fern sein möchte, daß auch hier nach dem Vorgang anderer Städte eine gemischte Schule errichtet wird, wollen wir vorderhand von unserem Rechte Abstand nehmen, ohne damit ein Präjudiz zu geben" (Schreiben der Synagogenrats vom 14.8.1871).
Um diesen Kostenaufwand zu vermeiden, schlugen sie einen der Räume der katholischen Volksschule im Breisacher Tor vor. Diesmal ging die Erfüllung der Bitte glatt vonstatten. Der katholische Ortsschulrat erklärte sich bereit, das „Schulzimmer des Unterlehrers Winterroth (IIte Classe, Abth(eilung) b) auf dem Breisacherthor, als das geeignetste für rubr(icierten) Zweck" zur Verfügung zu stellen.[73]
Daß sich in Freiburg – im Gegensatz zu Karlsruhe und Mannheim – die Einführung von Simultanschulen bis zum spätestmöglichen Zeitpunkt hinzog – nämlich bis 1876, als der gesetzliche Zwang dazu bestand –, führte 1874/75 zu einer letzten Auseinandersetzung der israelitischen mit der Stadtgemeinde. Im Oktober 1874 – die Schülerzahl betrug inzwischen mehr als 80 und der bisherige Religionsschullehrer Sommer, der gleichzeitig den Vorsänger- und Schächterdienst zu versehen hatte, war hoffnungslos überfordert – stellte der Synagogenrat an den Gemeinderat erneut die Bitte um Unterstützung. Er wies noch einmal darauf hin, daß die israelitische Gemeinde die Errichtung einer eigenen Volksschule auf städtische Kosten zu fordern berechtigt sei, darauf aber verzichten wolle, wenn die Stadt Freiburg das Gehalt eines zweiten israelitischen Religionslehrers übernehmen werde. Auf Nachfrage des Gemeinderats, wie hoch die Gehaltsforderung eines solchen Volksschullehrers ausfalle, gab der Synagogenrat die Auskunft, daß jenem laut Schulgesetznovelle von 1874 ein Gehalt von jährlich 1620 Mark (einschließlich Wohnungsgeld) zustehe.[74]
Offensichtlich geschah dann erst einmal nichts. In einer erneuten Eingabe vom 23. Juni 1875 kam der Synagogenrat auf die Angelegenheit zurück. „Zum Beweis des immer dringender werdenden Bedürfnisses" legte er den Schulprüfungsbescheid der Bezirkssynagoge Breisach vor und wies unmißverständlich darauf hin, daß der Stadt bei Anstellung eines zweiten Lehrers die Kosten der Errichtung einer israelitischen Volksschule erspart blieben. Außerdem gingen sie mit ihrer Gehaltsforderung auf den Minimalbetrag von 660 Mark plus Wohnungsentschädigung herunter (was dem gesetzlich fixierten Gehalt eines Unterlehrers entsprach).[75]
Jetzt endlich leitete der Gemeinderat die Eingabe an die Schulkommission zur Prüfung weiter. Dort blieb sie noch einmal zwei Monate liegen, bis die Kommission zu einem positiven Bescheid kam, „da die sonst nothwendig werdende Errichtung einer confessionellen Schule für die Israeliten ... weder in Rücksicht auf den damit verbundenen Aufwand noch im Interesse der Schulkommission, wünschenswerth erscheint" (Schreiben der Schulkommission vom 29.8.1875).
Laut Gemeinderatsbeschluß vom 31. August 1875 erklärte sich dieser – vorbehaltlich der Zustimmung des großen Bürgerausschusses – bereit, einen Gehaltszuschuß von 780,– Mark zu übernehmen. Inzwischen hatte die israelitische Gemeinde „in der Person des Hauptlehrers Bodenheimer in Emmendingen einen tüchtigen Religionslehrer" gefunden, der ab 1. November mit dem Unterricht beginnen wolle. Damit seine Stunden gleichzeitig mit denen des Lehrers Som-

Grabstein K. Bodenheimer (22.1.1835-8.7.1883), Hauptlehrer a.d. erw. Volksschule Freiburg (Aufnahme vom 22.8.1988) StadtAF, M 7/Neuzugänge

mer nach Schluß der Volksschule stattfinden könnten, bat man um ein weiteres Schullokal, nicht ohne sich – in Voraussicht möglicher weiterer Komplikationen – vorsorglich abzusichern:
„Um Mißverständnissen vorzubeugen wollen wir uns, ehe sie dieses Übereinkommen der Zustimmung des Bürgerausschusses vorlegen, dahin verwahren, daß wir nur so lange von der Errichtung einer isr(aelitischen) Volksschule Umgang nehmen wollen, als gegründete Aussicht der Errichtung von gemischten Schulen in hiesiger Stadt vorhanden ist" (Schreiben des Synagogenrats vom 25.10.1875).
Der Raum – in der katholischen Volksschule in der Herrenstraße – wurde zur Verfügung gestellt und der Antrag auf „Leistung eines jährlichen, mit dem 1. Nov(em)b(er) d(es) J(ahres) beginnenden Beitrags von 780,– M(ark) aus Gemeindemitteln für den israelitischen Religionslehrer dahier" von der Versammlung des Bürgerausschusses am 12. November 1875 einstimmig angenommen.[76]
Von kleineren Zwischenfällen abgesehen, konnte der israelitische Religionsunterricht nun in der Herrenstraße stattfinden.[77] Als dann im Frühjahr 1877 absehbar war, daß ab dem 24. April auch in Freiburg eine gemischte Volksschule eingerichtet wurde, in die auch der israelitische Religionsunterricht integriert war, reagierte der Gemeinderat mit bemerkenswerter Schnelle: Am 27. März bereits gab er dem Rentamt Anweisung, vom 23. des nächsten Monats an die dann nicht mehr nötige Zahlung des Gehaltszuschusses an den israelitischen Lehrer einzustellen.

11. Der Bau der Synagoge (1869/70)

In den ersten Jahren ihres Bestehens hatte sich die junge Gemeinde mit einem Betsaal begnügt, der sich in Haus Nr. 838 am Münsterplatz (heute Hinterhaus zur Schusterstraße 27) befand.[88] Gleich zu Beginn der Gemeindegründung wurde daher eine Synagogenbaukasse eingerichtet, in die Gemeindeeinnahmen und freiwillige Spenden flossen.[89]

Über den Bau der Synagoge, der gegen Ende der sechziger Jahre in Angriff genommen wurde, liegen nur sehr lückenhafte Quellen vor: ein Bauplan mit (unvollständigen) Erläuterungen sowie ein Schreiben des Synagogenrats an den Gemeinderat vom 26. Juli 1869. Aus ihm ist ersichtlich, daß es anläßlich des Geländekaufs und der Baubedingungen zu Meinungsverschiedenheiten kam. Offensichtlich wollte das Bürgermeisteramt – im Zusammenhang mit der geplanten neuen Straßenanlage des Werderrings und der damit notwendig gewordenen Abtragung des Remparts – die israelitische Gemeinde verpflichten, erstens „alle an ihrem Eigenthum nöthig werdenden Veränderungen als Anlagen von Böschungen, Treppen etc. alleine zu tragen" sowie zweitens „sich verbindlich (zu) machen ..., das durch fragliche Straßenlage frei werdende Gelände, zu einem vom Gemeinderath noch zu bestimmenden Preise zu übernehmen."[90] Während die israelitische Geminde sich „nach reiflicher Überlegung" bereit zeigte, auf die erste Bedingung einzugehen, hielt sie die zweite Bedingung angesicht ihrer angespannten Finanzlage für eine Zumutung:

„... dagegen glauben wir ad 2) folgendes dem verehrlichen Gemeinderath zu wohlgefälliger Berücksichtigung vortragen zu sollen.

Um eine der Stadt Freiburg würdigen und derselben zur Zierde gereichenden Bau herzustellen, muß sich die isr(aelitische) Gemeinde weit über ihre Kräfte anstrengen, überdies stehen uns ... noch bedeutende Überschreitungen des anfänglichen Kostenüberschlags bevor. Aus diesem Beweggrund wagen wir es mit der höflichen Bitte an den verehrlichen Gemeinderath heranzutreten, uns durch quasi zwangsweise Übertragung des frei werdenden Geländes nicht noch weitere, bedeutende Opfer aufbürden zu wollen, sondern uns fragliches Gelände unentgeltlich zu überlassen" (Schreiben des Synagogenrats vom 26.7.1869).

Mit dem Hinweis auf Basel und Konstanz, wo „der neu gegründeten isr(aelitischen) Gemeinde gegenüber ein freundliches Entgegenkommen stattfand", hofften sie, den Freiburger Gemeinderat zu einem ähnlichen Verhalten zu bewegen; wo nicht, möge er doch wenigstens einen festen Preis nennen.

Wie die Verhandlungen ausgegangen sind, geht aus den Quellen nicht mehr hervor, aber es ist anzunehmen, daß die israelitische Gemeinde das fragliche Gelände kaufen mußte: Das läßt sich aus einer 1890 gehaltenen Predigt des damaligen Stadtrabbiners Adolf Lewin schließen (vgl. unten).

Mit Unterstützung der israelitischen Gemeinde Mannheim wurde die Synagoge schließlich gebaut. Am 23. September 1870 fand die feierliche Einweihung statt, zu der die israelitische Gemeinde auch den Gemeinderat eingeladen hatte.[91] Anläßlich dieses Ereignisses brach die „Freiburger Zeitung" das Stillschweigen, das sie in bezug auf die israelitische Gemeinde jahrelang gewahrt hatte:

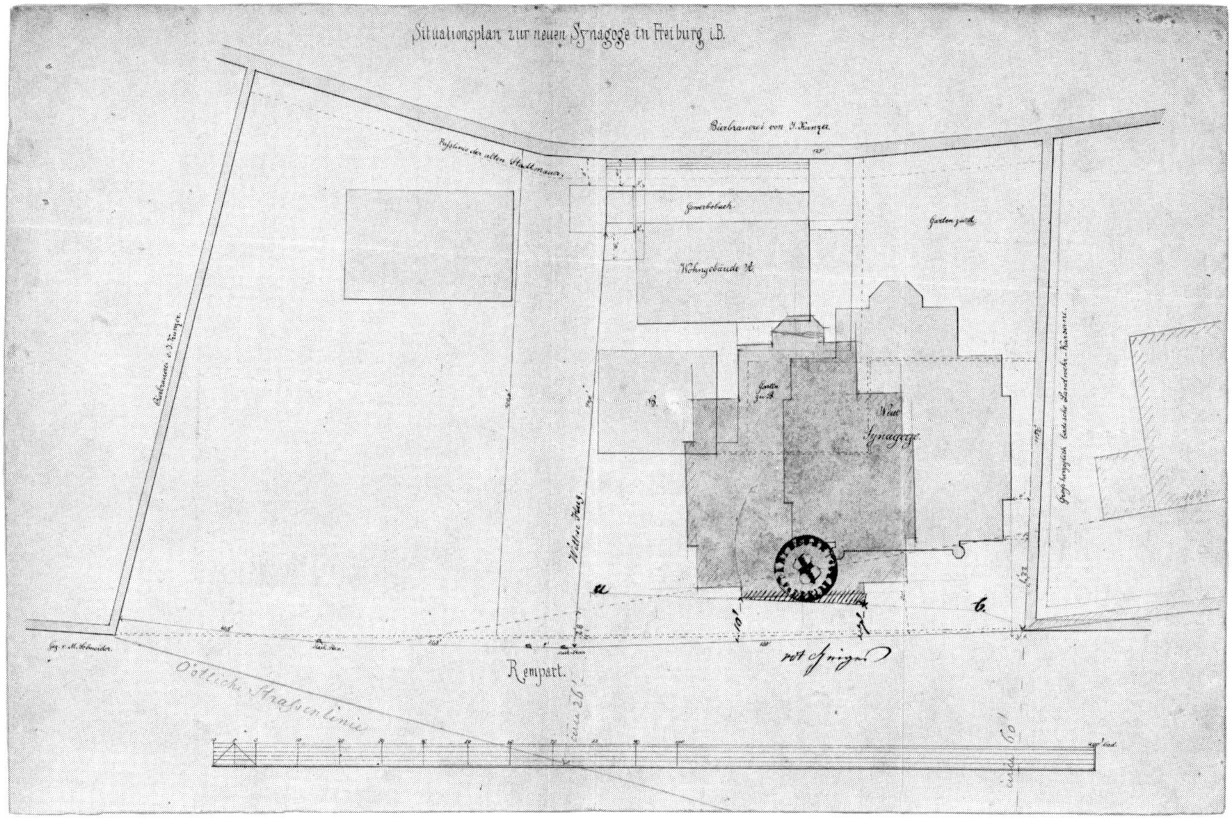

Lageplan der Synagoge aus dem Jahr 1869
StadtAF, C 2 Judensachen P 75/1 (4)

Das strittige Zwischengelände dürfte die gestrichelte Fläche am unteren Rand gewesen sein.

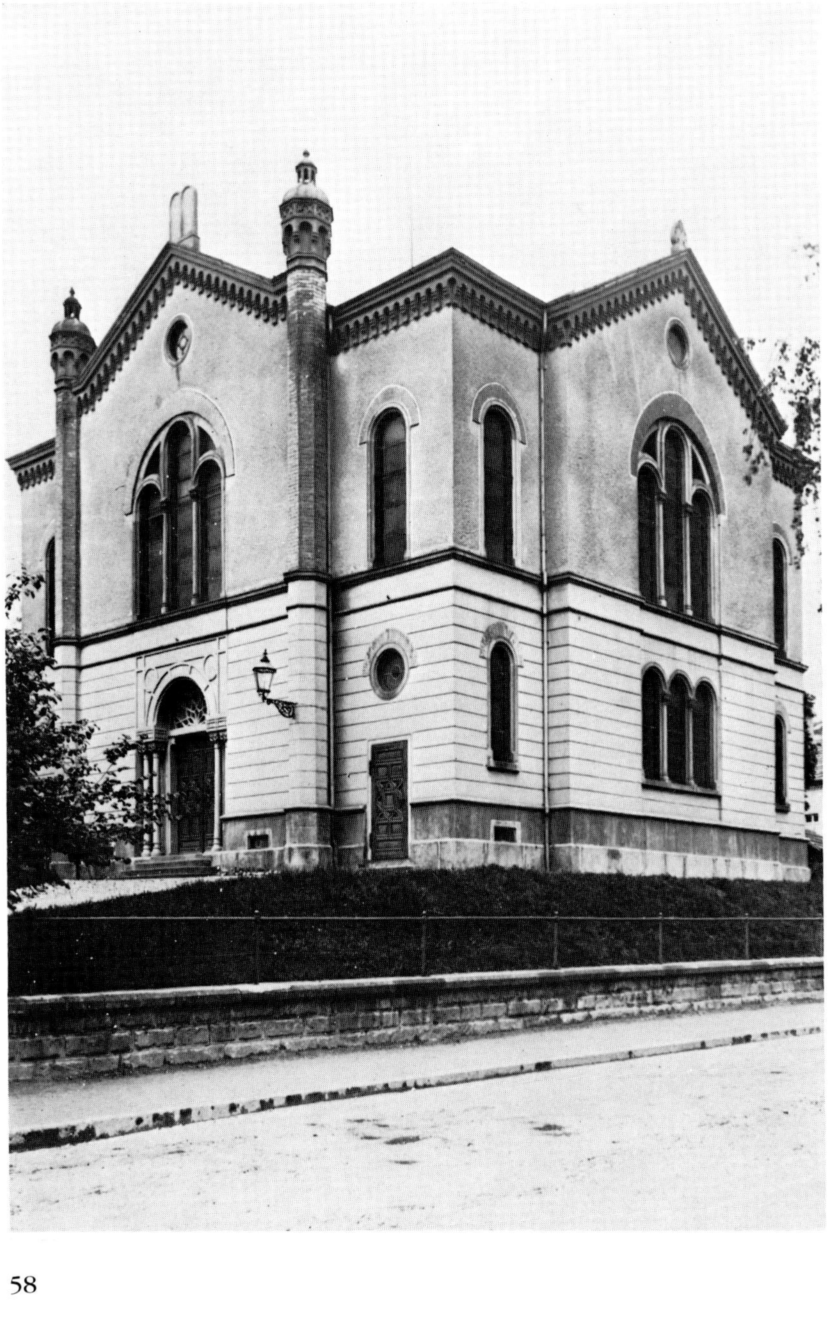

Die Synagoge im Zustand von 1902
StadtAF, M 736/1772

„Freiburg, 24. Sept(ember). Die festliche Weihe des neuen israelitischen Gotteshauses auf dem Rempart wurde gestern abend programmäßig begangen. Der schöne Bau, gleich der kleinen Gemeinde kühn aufstrebend in maurisch-byzantinischem Styl, ist ein lebendiges Beispiel, wie Gott mächtig ist im Kleinem. Durch die Ungunst der Zeit mannigfach verzögert, hat der Tempel dadurch nichts verloren: Baumeister (Herr Prof. Schneider) und Maler (Herr Fritz) haben für eine erkenntliche Gegenwart und eine dankbare Nachwelt gearbeitet. Die Farbenpracht von Wand und Decke ist gemildert durch die Reflexe dunkelgemalter Fenster; beide zusammen geben ein schönes Ensemble und wirken sehr wohlgefällig auf Augen und Sinne. Die Festpredigt des Herrn Rabbiner Reiß war würdig gehalten und der schöne sonore Brusttenor des Vorsängers Herrn Sommer füllte die sehr akustischen Räume des kleinen Gotteshauses entsprechend aus. Die von der 'Concordia' brav executierten beiden Choräle fanden großen Beifall. – Das aus den Mitgliedern der Gemeinde und einer Anzahl Ehrengäste, darunter die Vorstände der Behörden von Staat und Gemeinde, der protestantischen Geistlichkeit usw., bestehende Auditorium folgte dem erhebenden Gottesdienste mit hingebender Andacht. Des Vorstandes der Gemeinde, welcher dem Bau des Gotteshauses eine emsige Thätigkeit in schwierigen Verhältnissen gewidmet, ist schließlich noch ehrende Erwähnung gethan; sein Werk ist der beste Preis einer unablässigen Arbeit!" (Freiburger Zeitung vom 25.9.1870; man beachte die demonstrative Nichterwähnung von – nicht anwesenden? – Vertretern der katholischen Geistlichkeit).

„Schwierige Verhältnisse" waren es allerdings gewesen, unter denen die israelitische Gemeinde in Freiburg begonnen hatte, und noch Jahre später, zur Feier des 25. Jahrestages ihres Bestehens, erinnerte Stadtrabbiner Adolf Lewin an jene Zeiten im Bewußtsein,

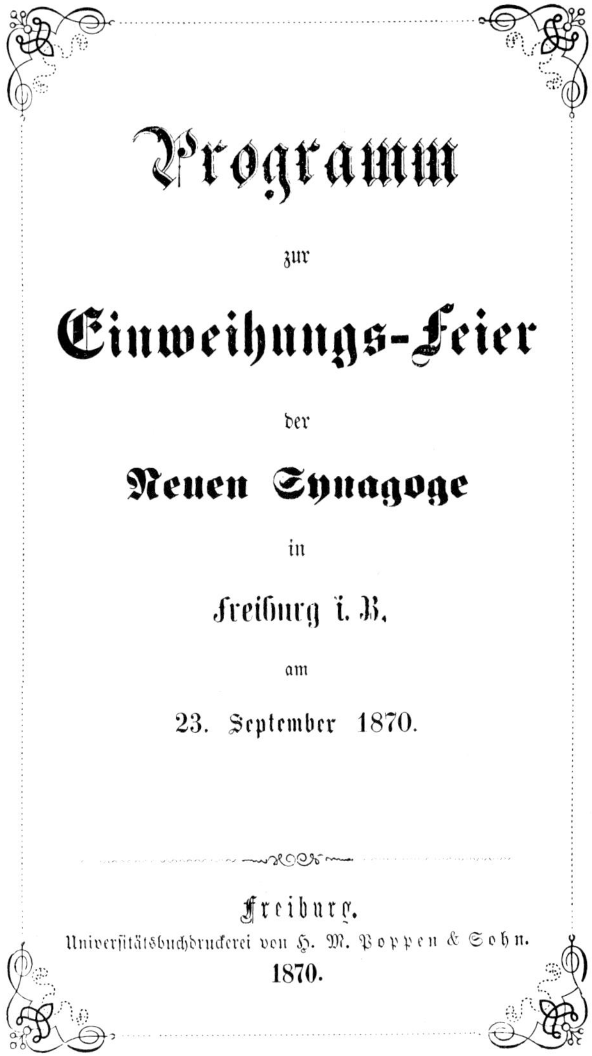
Programm

zur

Einweihungs-Feier

der

Neuen Synagoge

in

Freiburg i. B.

am

23. September 1870.

Freiburg.

Universitätsbuchdruckerei von H. M. Poppen & Sohn.

1870.

Titelblatt des Programms zur Einweihungsfeier der Synagoge am 23. September 1870
StadtAF, Dwe 5/590

Der vollständige Text findet sich im Anhang 4.

Ansicht der Freiburger Synagoge nach der Erweiterung 1925/26
StadtAF, Dwa 153 (Bilderschau der Freiburger Zeitung Nr. 15/10.4.1926, S. 7)

daß man es – mit Gottes Hilfe – aus eigener Kraft geschafft hatte:
„Wenn wir mit ihnen (gemeint sind Adolf Weil und die beiden anderen ersten Vorsteher der Gemeinde, Anm. d. Verf.) zurückschauen, so werden sie uns die Augenblicke bezeichnen, in welchen die Freudigkeit zu entschwinden drohte – da die Verzagtheit über dem hoffnungsfreudigen Mute obsiegte, da sie fragen und seufzend aufgeblickt haben zu dem אל שדי 'zu Gott, dem Allmächtigen', – ob er seinen Bund auch ihnen aufrecht erhalten werde!" (Predigt gehalten zur Erinnerung an das 25jährige Bestehen der israelitischen Gemeinde am 18. Januar in der Synagoge zu Freiburg i.B., Freiburg 1890, S. 5; StadtAF, Dwe 580).
Und in Anspielung auf Abraham, der einen Ort kaufen mußte, um Sara begraben zu können, rekapitulierte er die Geschichte des Freiburger jüdischen Friedhofes:
„Welche Wehmut ergreift uns heute, so wenige Jahre später, wenn wir hören, was alles gesprochen und gethan worden ist, als die Begründer der Gemeinde einen Friedhof begehrten. Bürger, Gleiche unter Gleichen, hatten sie sich geglaubt – und doch haben sie den Platz kaufen müssen, da unsere Toten ruhen – zur Ehre aller, die bis heute der Verwaltung unserer Gemeinde angehört haben, sei es gesagt – da sie ruhen in würdig und heilig gehaltener Stätte!" (ebd.).
In allen drei Fällen – der Errichtung des Friedhofes, der Bereitstellung von Schulzimmern und dem Bau der Synagoge – war es dem Gemeinderat offensichtlich alles andere als „natürlich" gewesen, der israelitischen Gemeinde zu ihren Bedürfnissen zu verhelfen[92] – im Gegenteil, hatte er sich doch 1864 eine Art Blankoscheck für die Zukunft ausstellen lassen, in dem er sich von allen finanziellen Verpflichtungen gegenüber der neuen Religionsgemeinde zu befreien suchte. Immer erst, wenn die gesetzlich verankerten Rechte von der israelitischen Gemeinde nachgewiesen werden konnten, kam eine entsprechende Reaktion, wenn auch in bürokratischer Geschwindigkeit. Es spricht für das im Laufe der Jahre gewachsene Selbstbewußtsein der jungen Gemeinde, daß sie in allen Fällen auf ihren Rechten zu bestehen wußte.

Selbst in jenem Fall der geänderten Friedhofsordnung, in dem der Synagogenrat anfangs zu Recht die 'wahrhafte Toleranz' des Gemeinderats hervorhob, bleibt ein bitterer Nachgeschmack angesichts der späteren Haltung desselben, die schließlich dazu führte, daß ein eigener israelitischer Friedhof eröffnet werden mußte. Sicher hatte die ultramontane Reaktion in der Stadt genügend zu diesem Ausgang beigetragen, aber etwas an der Haltung des wiedererstarkten Liberalismus stört doch: jenes Insistieren auf der völligen Gleichheit aller Staatsbürger, die – wenn schon im Leben nicht durchsetzbar – so doch wenigstens im Tode verwirklicht werden sollte. In dieser Haltung zu den Religionen und Konfessionen allgemein war der Liberalismus alles andere als tolerant. Das Bündnis zwischen ihm und den um ihre Gleichstellung kämpfenden Juden funktionierte am besten auf jener Ebene, in der von der praktischen Wirklichkeit religiöser Unterschiede nichts zu spüren war: der Politik.

12. Näf als Freiburger Abgeordneter (1869-1871)

Die Tatsache, daß Hofgerichtsadvokat Näf 1869 als nationalliberaler Abgeordneter der Stadt Freiburg in die Zweite Kammer der Ständeversammlung einzog, wirft mehr Fragen auf als beantwortet werden können. Zunächst scheint gar nicht er als Kandidat zur Debatte gestanden zu haben, sondern im Gespräch waren – nachdem der bisherige Vertreter Fauler abgelehnt hatte – Bürgermeister Schuster, Anwalt Wehrle und zwei andere Bewerber, denen aufgrund ihrer Ortsfremdheit jedoch keine allzu großen Chancen gegeben wurden. Nur das Ergebnis der Wahl stand von Anfang an fest: Da alle Wahlmänner nationalliberal eingestellt waren, war „die Wahl im Sinne der ministeriellen nationalliberalen Partei als gesichert zu betrachten" (Freiburger Zeitung Nr. 175 vom 1.8.1869). Drei Wochen später hieß es dann kommentarlos über den Ausgang der Wahl: „Gewählt wurden heute Bürgermeister Schuster und Herr Anwalt Näf" (Freiburger Zeitung Nr. 199 vom 25.8.1869).

Da die „Freiburger Zeitung" weiter nichts über den neuen Abgeordneten und die Reaktion auf ihn berichtete und weder die Akten bezüglich der Wahl noch der betreffende Jahrgang des „Freiburger Boten" erhalten sind, bleiben – naheliegende – Vermutungen. So ist darauf zu verweisen, daß sich in den Jahren 1868/69 die politische Situation in Baden auf eine Weise verschärfte, die nicht ohne Einfluß auf die Wahl Näfs gewesen sein kann: In den Zollparlamentswahlen von 1868 hatten die ultramontanen Kandidaten einen spektakulären Wahlsieg über die Liberalen errungen, indem sie fast die Hälfte aller Stimmen gewannen. In Freiburg selbst hatte der liberale Kandidat Fauler nur knapp über seinen Gegner Lindau gesiegt.[93] Das Ergebnis dieser Wahlen, die nach dem gleichen und direkten Wahlrecht abgehalten worden waren, bedeutete für die ultramontane (und für die ultrademokratische) Opposition einen nicht zu unterschätzenden Auftrieb: konnte sie jetzt doch mit Recht darauf verweisen, daß die Zusammensetzung der badischen Ständekammer (mit nur vier ultramontanen Vertretern unter insgesamt 63) keineswegs den Verhältnissen unter der Bedingung eines anderen Wahlrechts entsprach. Im Mai 1869 wurde die „Katholische Volkspartei" gegründet, die sich in diesem Jahr erstmals der Wahl zum Landtag stellte, jedoch nur die erwähnten vier Abgeordneten durchbrachte.

Für die Freiburger Verhältnisse deuten diese Umstände – besonders die Beinahe-Niederlage Faulers 1868 und die im Zusammenhang mit der Gründung der „Katholischen Volkspartei" sich abspielenden Aktivitäten auf beiden Seiten des politischen Lagers – darauf hin, daß Näf nicht nur um seiner unzweifelhaft nationalliberalen Überzeugung sowie seines lokalpolitischen Engagements, sondern auch und gerade aufgrund seines Glaubensbekenntnisses als Abgeordneter vorgeschlagen und gewählt wurde, um die Grundprinzipien der liberalen Partei zu demonstrieren.[94]

Wie auch die genauen Hintergründe seiner Wahl zu erklären sein mögen, Näf zog jedenfalls als Abgeordneter für die Stadt Freiburg in die Zweite Kammer ein und wurde dort am 24. September vereidigt. Sein erster parlamentarischer Beitrag bestand in der Erstattung des Kommissionsberichtes „über die Gesetzesvorlage: die Änderung einiger Bestimmungen der Verfassungsurkunde betr(effend)." Darin hatte er auch auf die Motion des führenden ultramontanen Politikers Lindau einzugehen, der am 29. September die „Einführung des allgemeinen, directen Wahlverfahrens mit geheimer Stimmenabgabe und Auflösung der Ständekammer nach Durchberatung dieses Gesetzes" gefordert hatte. In dem Kommissionsbericht, der die betreffende Motion ablehnte, hieß es zur Begründung:

„In dem Augenblicke, wo man sich anschickt, die geheime Stimmgebung zu vervollkommnen, und den Kreis der Urwähler möglichst zu vervollständigen, ist es allzusehr gewagt, plötzlich den Sprung in das directe Wahlsystem, durch welches wesentliche Grundlagen der Staatsverfassung geändert werden, zu vollziehen.

. . . Eine klaffende Spaltung besteht in dem Konflikt der Kirche mit dem Staate, in welchem die erstere sich außer der letztern zu stellen und eine Doppelgewalt in das Staatsleben einzuführen sucht.

Aus diesem Kampf ist ein früher nie gekanntes agitatorisches Element hervorgegangen, welches, auf das Vollkommenste organisirt, den Staat nicht nur auf dem streitigen Gebiete, sondern auf allen im Staate möglichen Gebieten insbesondere aber auch in der nationalen Frage bekämpft, und seinen naturgemäßen Einfluß auf die Massen mit der größten Energie ausnützt. Gerade von dieser Seite kommt vorzugsweise die Forderung des direkten Stimmrechts, also von einer Seite, von welcher man andere, dem Staatszweck zuwiderlaufende Nebenabsichten zu besorgen hat" (Verhandlungen der badischen Ständekammer, 6. Beilagenheft, S. 14).

Das indirekte Wahlrecht wurde in Baden 1869 nicht abgeschafft, das liberale System alten Stils blieb, von einigen Modifikationen abgesehen, weiter in Kraft, und das hieß eben auch, daß die Ständekammer weiterhin eine Vertretung überwiegend des städtischen Bürgertums und der Beamtenschaft blieb. Nur in einer solchen Umgebung hatten Näf und sein Glaubensgenosse Rudolf Kusel (Abgeordneter für Karlsruhe) eine Chance.[95]

Grabstein Henriette Näf (1.7.1818-20.6.1903) und Agnes Näf (24.10.1858-15.1.1916) (Aufnahme vom 22.8.1988) StadtAF, M 7/Neuzugänge

13. 1871 – Ein Blick auf die israelitische Gemeinde

Freiburg befand sich in den sechziger Jahren des 19. Jahrhunderts „am Vorabend der Expansion" (Theodor Ueberdick), unmittelbar vor dem wirtschaftlichen Aufschwung, der nach der Gründung des Deutschen Reiches einsetzte. Eine lebhaftere Bautätigkeit, eine stärkere Bevölkerungszunahme als in den vorangegangenen Jahrzehnten und die Umbenennung der „Gassen" in „Straßen" waren äußere Anzeichen eines leichten Sprunges nach vorn. Die Reformgesetzgebung der „Neuen Ära" – insbesondere die Einführung der Gewerbefreiheit und der Freizügigkeit – hatten den Weg für neue Entwicklungen gebahnt. Der Bevölkerungszuwachs durch Zuwanderung vor allem vom Land setzte nach 1861 stoßartig ein:

1852	16.441 Einwohner
1858	16.732 Einwohner
1861	16.883 Einwohner
– – – – – –	– – – – – – –
1864	19.167 Einwohner
1867	20.792 Einwohner
1871	24.668 Einwohner

Innerhalb der Gesamtbevölkerung wuchs in den Jahren nach 1862 der Anteil der Israeliten auf 1,35 % (1871) an.[96]

Auf die Beseitigung des Zunftsystems und die zunehmende Konkurrenz von fabrikmäßig gefertigten Waren reagierte das städtische Handwerk, indem es sich von der Eigenproduktion stärker auf den Handel mit Fertigprodukten umstellte. Zwischen 1860 und 1865 stieg die Zahl der Kaufleute in Freiburg von 60 auf 125. Innerhalb dieses Bildes hebt sich die starke Konzentration der israelitischen Einwohner auf den Handel zwar charakteristisch hervor, liegt aber auch im allgemeinen Trend der Zeit. Von den insgesamt 97 belegten Namen sind fast 50 % (47) Händler (Anhang 5, Tabelle 1). Dazu treten noch zwei Vertreter des Kommissionsgeschäftes und des Versicherungsgewerbes. Nur sieben Handwerker (drei Schuster, ein Gerber, ein Schreiner, ein Schneider, ein Glaser), zwei Mechaniker und sechs Arbeiter sowie zwei Wirte bilden den eigentlichen 'Gewerbsstand' in der Gemeinde. Als Vertreter der Angestellten finden sich vier Buchhalter und ein Lehrer; vier Rechtsanwälte und zwei Vertreter musischer Berufe ergänzen das Bild. Frauen verdienen sich, soweit sie selbständig sind, als Putzmacherinnen (vier) oder Taglöhnerin (eine) den Unterhalt.

Bei einem Blick auf die Binnenstruktur des israelitischen Handels fällt auf, daß sich die Konzentration auf bestimmte Sparten – nämlich Textilien, Wein, Vieh, Rohprodukte und Metalle – erhalten hat (Anhang 5, Tabelle 2). Innerhalb der Freiburger Geschäftswelt nehmen jüdische Geschäfte und Handelsniederlassungen im Vieh- und Pferdehandel ein absolutes Monopol ein. In der Textilbranche liegt der Schwerpunkt auf fertigen Kleidern und Weißwaren (hier wird ein Drittel aller Geschäfte von Juden geführt), gefolgt von Bettwaren (ein Viertel) und Kurzwaren (ein Siebtel). Im Eisenhandel ist ein Viertel aller Geschäfte in jüdischem Besitz, bei Manufakturwaren- und bei Weingeschäften ein Sechstel. Von den insgesamt zwölf Trödlern in Freiburg schließlich sind drei Juden. Im Kommissionsgeschäft beschränkt sich der jüdische Anteil sogar nur auf ein Zehntel.

Keine jüdischen Handelsniederlassungen finden sich

K. LION

in

Freiburg i. B.,

Schusterstrasse, [neben Herrn Mechanikus Link und vis-à-vis von Herrn Restaurateur Hanloser,

empfiehlt sein reich assortirtes Lager

fertiger Herrenkleider,

bestehend in:

Alle Sorten *Münchener* und *Wiener Schützenjoppen* von fl. 4 bis fl. 22.
Tuch- und Bucksking-Röcke von fl. 8 bis fl. 20.
Jakets von fl. 9 bis fl. 24.
Paletots in Radine, Double, Velour etc. von fl. 9 bis fl. 36.
Havelocks von fl. 10 bis fl. 30.
Schlafröcke von fl. 6 bis fl. 20.
Hosen in Tuch und Bucksking in allen Farben von fl. 4 bis fl. 15.
Arbeitshosen von fl. 1. 30 bis fl. 4.
Westen von fl. 1. 12 bis fl. 6.
Ganze Anzüge für Knaben in verschiedenen Stoffen von fl. 6 bis fl. 18.

Ferner in grosser Auswahl:
Mäntel, Unterhosen, Blousen, Shwals, Halsbinden, Tuch, Bucksking, Double, Radine, Velour, Halbleinen, Flanell, aller Art *Futterzeuge etc.*

Bestellungen nach Maas werden in kürzester Zeit effectuirt und reelle und billige Bedienung zugesichert.
(Auch werden alte Kleider gegen neue umgetauscht.

Wein-Handlung

von

ZIVI & ROTHSCHILD

in

FREIBURG und MÜLLHEIM

Nr. 12 Bertholdstr. Baden. **im Breisgau.**

L. LESER,

Schusterstrasse Nro. 854,

empfiehlt sein in grösster und feinster Auswahl reich assortirtes

Herrenkleider-Magazin,

bestehend in: Havelocks *von allen Grössen,* Duble-Ueberzieher, Sack-Röcke, Chaketts, *schwarze* Tuch-Röcke, Hosen *und* Westen *in allen möglichen Stoffen,* Schlafröcke, Unterhosen, wollene Jacken, *weisse und andere* Hemden, Pferdehaar-Matrazen *und* Betten *in grosser Auswahl.*
Getragene Kleider werden gegen neue umgetauscht, Aufträge nach Maas in kürzester Zeit effectuirt und billige und reelle Bedienung zugesichert.

ADOLF WEIL

in

Freiburg,

Eisenbahnstrasse Nro. 255.

Agentur-Bureau

für Feuer- und Lebens-Versicherung,
(deutscher Phönix)
für Auswanderung nach Amerika,
(die Hoffnung)

mittelst der hamburg-amerikanischen Paket-Fahrt und des norddeutschen Lloyd in Bremen, sowie aller übrigen Häfen mit

Postdampfer & Segelschiffen.

Besorgung von Wechseln, Auszahlungen, Auskünften, Erbschaften, Vollmachten, Spedition von Wein etc. nach allen Theilen Amerikas.

Commission & Incasso.

S. Springer,
205 Thurmstrasse 205.
An- und Verkauf
von neuen und gebrauchten **Betten, Weisszeug, Herren-** *und* **Frauenkleidern, Möbeln** *und allen sonstigen hierin einschlagenden Artikeln.*

Fabrikation und Lager aller Arten
Blas- & Saiten-Instrumenten
empfiehlt von reinster Stimmung zu den billigsten Preisen
MAX KENNER,
Instrumentenmacher
in Freiburg i. B.

Anzeigen im Freiburger Adreß-Kalender, 1866 und 1868
StadtAF, Dwa 130

im Bereich jener Produkte, die offensichtlich eher Handelsbeziehungen in den Schwarzwald voraussetzen: Holz, Papier, Getreide. Lebensmittel-(und Delikatessen-)geschäfte sind ebenfalls keine Domäne der neu zugezogenen Juden. Allenfalls zwei „Specereiläden" lassen sich anführen. Und im reinen Geldgeschäft halten sich – neben den neuen Filialniederlassungen der großen Banken – nur die alte Freiburger Familienbanken.

Von insgesamt 283 Kaufleuten waren somit 35 Juden, was einem prozentualen Anteil von 12 % entspricht. Bei einem Bevölkerungsanteil von 1,35 % bedeutete das eine deutliche Überrepräsentation. Nach einer neueren Untersuchung zur Textilbranche führten die Schwierigkeiten bei der Niederlassung in einer bereits mit Geschäften gut versorgten Stadt wie Freiburg dazu, daß – um der harten Konkurrenz gewachsen zu sein – viele Handlungen „en gros und en détail" zugleich betrieben wurden.[97]

Die überwiegende Mehrzahl der israelitischen Bürger ging also im Handel und Gewerbe treibenden Bürgertum Freiburgs auf, das hier auch während der sechziger Jahre den größten Anteil der Bevölkerung ausmachte. Anzeichen wirtschaftlicher wie sozialer Integration waren durchaus festzustellen. So befanden sich unter den 83 Gründungsmitgliedern der Freiburger Gewerbebank (1866) Advokat Näf und Kaufmann Theodor Weyl.[98] Auf Spendenaufrufen der Zeit finden sich die Namen S. Weils und Näfs, der offensichtlich ohnehin eine Art Vorkämpfer- und Vorbildrolle im Integrationsprozeß der Juden in Freiburg spielte.[99] Wie rasch und wie weit den übrigen Gemeindemitgliedern eine derartige Integration im Lauf der Zeit gelang, müßte in einer genaueren Untersuchung der folgenden Jahre beantwortet werden.

Daneben hatte jene Gruppe der Staatsbeamten und Rechtsanwälte, für deren liberal-aufgeklärte Einstellung Heinsheimers Schrift wohl ein repräsentatives Zeugnis darstellt,[100] kaum Schwierigkeiten, mit ihren nichtjüdischen Kollegen auszukommen, unter denen ein hoher Anteil protestantisch war. Die Haltung der evangelischen Gemeinde scheint, wie aus den einzelnen Episoden (Schule, Synagoge) hervorgeht, eher freundlich gegenüber der neuen Religionsgemeinde

Grabstein Sigmund Weil (17.2.1817-18.4.1891)
(Aufnahme vom 22.8.1988)
StadtAF, M 7/Neuzugänge

gewesen zu sein. Es könnte sein, daß hier eine gewisse Solidarität der Minderheiten in einer überwiegend katholischen Bevölkerung zum Tragen kam.[101]
Die Einstellung der katholischen Kirche war dagegen offenbar eher von der Taktik des Nicht-Zur-Kenntnis-Nehmens geprägt. Nur jene politisch radikale ultramontane Partei, an der sich jedoch lediglich eine Minderheit innerhalb der katholischen Bevölkerung aktiv beteiligte, nahm den Israeliten gegenüber eine ausgesprochen unfreundliche Haltung ein. In welcher Weise diese Konstellation innerhalb Freiburgs im Laufe der nächsten Jahrzehnte überdauerte oder sich veränderte, wäre eine Untersuchung wert.

14. Schluß

„So ist die Fremde uns zur Heimat geworden. So fühlen wir uns nicht als Fremde – werden auch nicht als solche angesehen – denn *ein* Gefühl der Liebe umschlingt uns alle und unsere andersgläubigen Mitbürger, das Band der Liebe zuFürst und Vaterland, zu unserer schönen Mutterstadt" (Predigt Adolf Lewins, 1890; StadtAF, Dwe 580).
Die Frage, ob Rabbiner Lewin dies auch 1871 schon von Freiburg gesagt hätte, muß offen bleiben. Die lange Verzögerung der gemeindebürgerlichen Rechte, die es der Stadt ermöglichte, bis 1862 ihre Tore für Juden geschlossen zu halten, führte zu einer um Jahrzehnte verspätet beginnenden Integration der Juden in das Gemeindeleben.
Doch selbst gesetzt den Fall, Näf hätte bereits 1849/51 sein Bürgerrecht behalten können, wäre wahrscheinlich weiteren Israeliten, vor allem wenn es sich um Händler wie jenen Carl Weidenreich gehandelt hätte, der Zuzug untersagt geblieben. Erst mit der Einführung von Gewerbefreiheit und Freizügigkeit wurde jene allgemeine Rechtsgleichheit aller Staatsbürger verwirklicht, die nun auch Israeliten die ungehinderte Niederlassung in Freiburg und den anderen Gemeinden des Landes ermöglichte. Die Opposition mancher dieser Gemeinden, darunter eben auch Freiburgs, dürfte aus wirtschaftlich motivierten Bedenken gegenüber dem Nutzen gewisser Errungenschaften der „Neuen Ära" zu erklären sein, die sich mit alten Ressentiments gegenüber der gleichsam vom Staat aufoktroyierten Zulassung von Juden in die Stadt verband. Daß die vom liberalen Staat initiierte Befreiung des Gewerbes und des Handels keineswegs auf die Bedürfnisse des ganzen Volkes zugeschnitten war, sondern vor allem im Interesse des fortschrittlichen Bürgertums der Städte des badischen Unterlandes lag, erwies sich bald genug. Die soziale Zusammensetzung der infolge des Kirchenkampfes sich organisierenden ultramontanen Opposition, die sich teilweise – was die Forderung nach direktem Wahlrecht oder die Kritik am kapitalistischen System betraf – mit ultrademokratischen und sozialistischen Gedanken berührte, verwies deutlich auf ein Protestpotential innerhalb der ländlichen und kleinbürgerlichen Bevölkerung Badens, das sich gegen den regierenden Liberalismus richten ließ. Die Rolle Freiburgs, das in Größe, Lage und wirtschaftlicher Entwicklung eine Zwischenposition zwischen den stärker und früher industrialisierten Städten des Nordens einerseits und den ländlichen Gegenden andererseits einnahm, wäre in diesem Zusammenhang genauer zu beleuchten. Es ist sicher kein Zufall, daß hier die innenpolitischen Auseinandersetzungen während der sechziger und siebziger Jahre das tagespolitische Klima so stark beeinflußten.

Für die neugegründete israelitische Gemeinde führte diese politische Konstellation zu zwei durchaus verschiedenen Konsequenzen. Während die liberale Seite durch die Auseinandersetzung mit der ultramontanen Opposition zu überzeugten Verfechtern des Prinzips der allgemeinen Gleichberechtigung wurde – die Wahl Näfs bildete dabei logische Konsequenz und Höhepunkt dieses neu erstarkten Liberalismus –, zeigten sich auf der Gegenseite deutliche Anzeichen von politischem Antisemitismus. In der Agitation besonders des „Freiburger Boten" offenbarten sich bereits jene Argumente aus dem antikapitalistischen und antiliberalen Arsenal, mit denen Juden als Inbegriff des „Fortschritts", der „Geld-" und „Presseherrschaft" angegriffen wurden. Wie sehr damit der Erfolg der Judenemanzipation von der Herrschaft des Liberalismus abhing (Reinhard Rürup) und wie weit er vom Aufkommen „anti-liberaler" Bewegungen sowohl gefördert als auch gefährdet werden konnte, belegt das Beispiel Badens im allgemeinen und Freiburgs im besonderen. Die Auseinandersetzung des liberalen Staates mit der katholischen Kirche spielte die Rolle eines derartigen, in zwei Richtungen zugleich wirkenden Katalysators. Die praktischen Auswirkungen für die ersten Jahre der neugegründeten israelitischen Gemeinde wurden ausführlich dargestellt. Zwischen dem bürokratischen Verkehr mit einem Gemeinderat, der erst im Laufe der Jahre zu einer liberalen Haltung fand, und der Rücksichtnahme auf eine Öffentlichkeit, die sich zuweilen für die israelitischen Gemeinde als ausgesprochen unfreundlich hätte erweisen können, fand diese erst allmählich zu Selbstbewußtsein und der Fähigkeit, ihre begründeten Rechte geltend zu machen. Diese Bedingungen der Gemeindegründung unterscheiden sich von jenen der alteingesessenen jüdischen Gemeinden wie Karlsruhe oder Mannheim ganz erheblich. Welche Folgen sie für den Verlauf der Integration der neuen israelitischen Gemeinde in Freiburg letztendlich hatten, müßte eine Untersuchung der folgenden Jahrzehnte beantworten.

Die Freiburger Synagoge am 10. November 1938 (Aufnahme: Prof. Dr. Wolf Middendorff) StadtAF, M 7/Neuzugänge

Anmerkungen

[1] Lewin, Juden in Freiburg; Schwinekörper/Laubenberger, Freiburger Juden.

[2] Lewin, Geschichte der badischen Juden, S. 78. Zur allgemeinen Geschichte der Juden ebenfalls: Rosenthal, Heimatgeschichte der badischen Juden; Hundsnurscher/Taddey, Die jüdischen Gemeinden in Baden; Juden in Baden, 1809-1984, Katalog und Begleitbuch zur Ausstellung im Badischen Landesmuseum, Karlsruhe 1984.

[3] Lewin, Geschichte der badischen Juden, S. 96; vgl. Löttgen, Motive der badischen Gewerbegesetzgebung im 19. Jahrhundert, S. 5-10; Rürup, Emanzipation, S. 59; vgl. auch die statistischen Angaben in: Die Religionszugehörigkeit in Baden, S. 119, sowie die Karte bei Hundsnurscher/Taddey, Die jüdischen Gemeinden in Baden (Anlage).

[4] Lewin, Juden in Freiburg, S. 101; Schwineköper/Laubenberger, Freiburger Juden, S. 8. Vgl. StadtAF, C 1 Judensachen 1 B (Errichtung einer Judenwirtschaft 1814-1841 u.a.), C 1 Gemeindevermögen 57 Nr. 2 (Israelitische Gastwirtschaft 1841-1873).

[5] Freiburger Adreßkalender 1846 und 1847; Matrikel der Universität Freiburg, Wintersemester 1845/46.

[6] Rürup, Emanzipation, S. 65.

[7] Dorneich, Franz Joseph Buß.

[8] Dies wird durch die Chancenlosigkeit belegt, die die Partei bei Wahlen in Freiburg selbst hinnehmen mußte: Buß saß als Abgeordneter des 7. Ämterwahlbezirks Säckingen in der 2. Kammer. Doch muß man berücksichtigen, daß das badische Kammersystem mit seiner Überrepräsentation des städtischen Bürgertums auch darauf beruhte, daß die Kandidaten der politischen Parteien, auch wenn sie in Städten wohnten, 'sichere' Ämterwahlbezirke auf dem Lande erhielten.

[9] Süddeutsche Zeitung Nr. 1, S. 2 Leitartikel; Ganser, Die Süddeutsche Zeitung für Kirche und Staat. Die Auflagenhöhe der Zeitung kam über 1000 nicht heraus, zudem hatte sie während ihres Bestehens laufend Schwierigkeiten mit der Zensur. 1848 löste sich die Redaktion – aufgrund interner Differenzen – auf.

[10] Für Einzelheiten vgl. Maas, Geschichte der katholischen Kirche im Großherzogtum Baden. Maas war in den Jahren des Kirchenkampfes Kanzleidirektor des Erzbischöflichen Archivs Freiburg, von daher die prokirchliche Tendenz seiner Darstellung. Neutraler ist Lauer, Geschichte der katholischen Kirche im Großherzogtum Baden.

[11] Süddeutsche Zeitung Nr. 215 vom 6.10.1846, S. 889; vgl. auch Nr. 174 vom 18.8.1846 und die Nr. 215-218 vom 6.-9.10.1846.

[12] Süddeutsche Zeitung Nr. 19 vom 3.2.1846, S. 78. Johannes Ronge (1819-1887) gehörte zu den Mitbegründern des Deutschkatholizismus.

[13] Süddeutsche Zeitung Nr. 17 vom 30.1.1846, S. 69; Nr. 18 vom 31.1.1846, S. 73; vgl. auch Nr. 172 vom 14.8.1846, S. 719.

[14] Leitartikelserie: „Bestimmen Gründe des Rechts und der Klugheit die großherzogl. bad. Regierung gegenwärtig zu einer Kammerauflösung?" (Süddeutsche Zeitung Nr. 16 ff. vom 30.1.1846 an).

[15] Ganser, Die Süddeutsche Zeitung für Kirche und Staat, S. 24-46. Es kamen 353 Petitionen aus 415 Gemeinden mit über 50 000 Unterschriften gegen Zittel bzw. für Neuwahlen zusammen.

[16] Ders., S. 79 ff.: „Der soziale Gedanke im Rahmen der Süddeutschen Zeitung".

[17] „In Frankreich baut ein jüdischer Banquier, ein Mann eines ausgestoßenen Volkes, welches gleichwohl wie die Schlange, die ausgestoßene unter allen Thieren, das edelste und kräftigste Leben in seinen Ringen erwürgt, eine Eisenbahn" (Süddeutsche Zeitung Nr. 156 vom 26.7.1846, S. 653).

[18] Lautenschlager, Die Agrarunruhen in den badischen Standes- und Grundherrschaften.

[19] Freiburger Zeitung Nr. 70 vom 10.3.1848, S. 499. Daß dies zum Teil auch unter dem Druck der Ständekammer geschah, die gleich in den ersten Tagen die Gemeinden für Schäden haftbar machte, zeigt Riff, The Anti-Jewish Aspect of the Revolutionary Unrest of 1848.

[20] Der Kommissionsbericht wurde bereits am 30.6.1848 von Domkapitular von Hirscher erstattet. Die dort erhobenen Bedenken bezüglich der Implikationen der Judenemanzipation für das Verhältnis Kirche – Staat (oder wie das betreffende Schlagwort hieß, für den „christlichen Staat") verhinderten zwar nicht die Annahme des Entwurfs (von Hirscher empfahl, „der allgemeinen Strömung der Zeit Rechnung zu tragen",) waren aber deswegen noch lange nicht gegenstandslos geworden. Die Diskussion um das Verhältnis von Staat und Kirche wurde nach der Revolution wieder aufgenommen und in weitaus schärferem Ton geführt (Verhandlungen der badischen Ständekammer, 2. Beilagenheft, S. 154-159).

[21] Verhandlungen der badischen Ständekammer, Protokolle der Ersten Kammer, Sitzung vom 18.12. und 19.12.1848, S. 356 und 363.

[22] Vgl. dazu Bekks spätere Darstellung: „Das Weitere erhält nun seine Regelung in Folge der deutschen Grundrechte, und dies war mit ein Grund, aus dem die Kammer, wie die Regierung später auf diesen Punkt der Märzzusage als solchen zurückzukommen nicht mehr nöthig fand" (Bekk, Die Bewegung in Baden, S. 72).

[23] Lewald, August Lamey, S. 11. Außer Näf gehörten auch die Hofgerichtsräte Eimer und Hillern sowie Advokat Huetlin zum Kreis, so ist anzunehmen, daß sie später auf Näfs Seite standen.

[24] Ergänzt werden die Akten durch Zeitungsartikel aus der Freiburger Zeitung, der Oberrheinischen Zeitung und dem Breisgauer Boten. Die Süddeutsche Zeitung existierte leider 1849 bereits nicht mehr.

[25] Das ist aus den Schreiben der Regierung des Oberrheinkreises an das Stadtamt Freiburg vom 20.3.1849 sowie vom 4.1.1850 zu erfahren (GLA, Akten des Stadtamtes Freiburg).

[26] StadtAF, C 1 Bürgerannahmen 71 Buchstabe We.
Über die Gründe des abschlägigen Bescheids lassen sich Vermutungen anstellen: zum einen könnten die Anfeindungen, denen sich der Gemeinderat bereits durch die Bürgerannahme Näfs ausgesetzt sah, diesen zur Vorsicht bewogen haben. Das ist denkbar, wenn auch zumindest Bürgermeister von Rotteck, dem selbstsicheren Ton seines Rechtfertigungsschreibens an das Stadtamt (StadtAF, C 1 Bürgerannahmen 45) nach zu urteilen, durchaus von der Richtigkeit des Vorgehens überzeugt war. Es ist ebenfalls möglich, daß der Gemeinderat die Tatsache, daß der Bewerber noch nicht in Freiburg ansässig war – obwohl er immerhin als Sohn des israelitischen Wirts in der Stadt geboren worden war – zum Anlaß nahm, ihm das Bürgerrecht nicht zu erteilen. Ein Grund kann jedoch auch in dem Beruf des Antragstellers gelegen haben: er war Kaufmann mit abgeschlossener Ausbildung und mag von daher auf Mißtrauen gestoßen sein.

[27] Fisch/Rittner/Würtenberger, Die Revolution 1848/1849 in Freiburg; als zeitgenössische Quellen: F.X. Hoch, Erinnerungen aus der badischen Revolution vom Jahre 1849, aufgezeichnet für meine nächsten Nachkommen, Handschrift Freiburg 1850 (StadtAF, B 1 (H) Nr. 73) sowie die betreffenden Nummern der „Freiburger Zeitung" (bes. Nr. 169, 170, 289, 297).

[28] Die Akten des Innenministeriums aus dieser Zeit sind nicht mehr vorhanden.

[29] § 16 lautete: „Durch das religiöse Bekenntniß wird der Genuß der bürgerlichen und staatsbürgerlichen Rechte weder bedingt noch beschränkt. Den staatsbürgerlichen Pflichten darf dasselbe keinen Abbruch thun."
§ 3 lautete: „Jeder Deutsche hat das Recht, an jedem Orte des Reichsgebietes seinen Aufenthalt und Wohnsitz zu nehmen, Liegenschaften jeder Art zu erwerben und darüber zu verfügen, jeden Nahrungszweig zu betreiben, das Gemeindebürgerrecht zu gewinnen" (Regierungsblatt Nr. 2 vom 18.1.1849, S. 20 ff.).

[30] „Dem Gemeinderath steht allein das Recht der Bürgeraufnahme zu, nach Vorschrift dieses Gesetzes. Der Beschluß des Gemeinderaths kann aber nur nach erfolgter Zustimmung des Bürgerausschusses in Wirksamkeit treten" (Regierungsblatt Nr. 8 vom 31.12.1831, S. 119 f.).

[31] Damit legten sie die „politischen Rechte" im Sinne von staats- *und* gemeindebürgerlichen Rechten aus – eine gerechtfertigte, aber nicht zwingende Interpretation. Bei einer solchen „normalen" Bürgerannahme, um die es sich dann ja handelte, war nur die Zustimmung des kleinen Bürgerausschusses erforderlich, der ordnungsgemäß herangezogen worden war.

[32] Die maßgeblichen Gesetze waren für die Opponenten: der bereits zitierte § 19 des 6. Konstitutionsedikts, der § 54 des Bürgerrechtsgesetzes sowie eine Verordnung von 1822 bezüglich der Rekursmöglichkeit bei Bürgerannahmen von Israeliten (vgl. unten).

[33] Zur Revolutionsgeschichte Badens vgl. Real, Die Revolution in Baden 1848/49; Richter, Revolution und Gegenrevolution in Baden 1849.

[34] Dabei wurden die Spitzfindigkeiten von seiten der Handelskammer so weit getrieben, daß sie behauptete, die Grundrechte seien im Januar 1849 bloß „zur öffentlichen

Kenntniß" gebracht worden, ohne selbst zum damaligen Zeitpunkt Gesetzeskraft zu beanspruchen. Dazu Lameys beißende Replik: „... die Grundrechte selbst, welche in dem Regierungsblatt nicht blos etwa der Merkwürdigkeit wegen, sondern um zu gelten, publiziert worden sind." (Schreiben Lameys an das Stadtamt Freiburg vom 24.5.1850; GLA, Akten des Stadtamtes Freiburg).

35 Ob allerdings, wie Lamey in seiner ersten Erklärung (Anm. 34) andeutet, die Bürger Freiburg „aus einer gewissen Scham" heraus doch noch für die Bürgerannahme gestimmt hätten, muß dahingestellt bleiben.

36 Verhandlungen der badischen Ständekammer, Protokolle der Ersten Kammer, Sitzung vom 31.1.1851, S. 227. Im revidierten Bürgerrechtsgesetz vom 3.5.1851 (Regierungsblatt Nr. 30, S. 299-319) blieb der § 54 unverändert bestehen.

37 Die Gemeinderatszusammensetzung am Tag der Bürgerannahme Näfs (Quelle: Ratsprotokoll und Freiburger Adreßkalender)

		anwesend:	Stellung:
Bürgermeister	v. Rotteck	ja	positiv
Gemeinderäte:	Herzog	zu Anfang	?
	Scheltle	ja	?
	Weiß	ja	?
	Herb	gegen Ende	negativ
	Mez	gegen Ende	wahrscheinlich positiv
	Haller	ja	?
	Hoch	ja	?
	Mentele	zu Anfang	?
	Straub	ja	positiv
	Schaich	ja	?

38 Dafür spricht der bereits erwähnte Artikel in der von ihm herausgegebenen „Oberrheinischen Zeitung". Emmerling, der 1837 die Groos'sche Verlagsbuchhandlung gekauft hatte und seit 1839 auch verlegerisch tätig war, leitete in deren Nachfolge die einzige ausgesprochen protestantische Buchhandlung Freiburgs, „ein bemerkenswertes Zeichen für das rasche Anwachsen des protestantischen Volksteiles in der bis vor kurzem noch rein katholischen Bürgergemeinde" (Klaiber, Buchdruck und Buchhandel in Freiburg i.Br., S. 52 f.). Es ist nicht uninteressant, hier bereits Anzeichen von protestantischer Solidarität zu entdecken. Aufgrund mangelnder Quellen kann darüber jedoch weiter nichts ausgesagt werden.

39 Dies waren: Jakob Butz, Xaver Knupfer senior und Alois Messy, der seiner Unterschrift den Zusatz anfügte: „Mitglied des kleinen Bürgerausschusses hat bei der Bürgerannahme des Betreffes damals schon dagegen gestimmt, auf diesem Grund weil der damalige Bürgermeister von Rotteck den Advocaten Neff nicht nach der Gemeindeordnung, sondern nach den deutschen Grundrechten behandelt und ihn als Bürger aufgenommen hat" (Rekursbeschwerde der Handelskammer vom 31.3.1850; GLA, Akten des Stadtamtes Freiburg).

40 Wenn dies als Indiz für die zu erwartende Konkurrenz zu deuten ist, so verblüfft der geringe Anteil von Schneidern unter den Beschwerdeführern. Immerhin bildeten nichtzünftische Schneider in den Städten des Unterlandes oft den Hauptstein des Anstoßes. Dieses Phänomen könnte darauf hinweisen, daß die Berufsstruktur der Juden des Oberlandes sich von der des Unterlandes erheblich unterschied und daß hier mehr der Handel mit Landesprodukten im Vordergrund stand.

41 StadtAF, B 5 XXIII Zunftprotokolle Nr. 18. Nach der Unterschriftenliste vom 17.12.1854 waren von den auf den Beschwerden gegen die Bürgerannahme Näfs bekannten Namen folgende: Kapferer-Sautier, C. Schuhmacher, Franz Glaris, Carl Dischler (Zunftvorstand), J. Stutz (Gebr. Stutz), Heinrich Kapferer senior, Buisson, J.A. Schlosser, Sautier, Burkart, G.A. Wolff, Carl Montfort, H. Heydt.
Zur Zunftgeschichte Freiburgs, die für das 19. Jahrhundert entsprechend spärlich ist: Ehrler, Zur Geschichte der Freiburger Zünfte; Häcker, Aus dem Leben der Freiburger Zünfte; Wilms, Die Zunft zum Falkenberg in Freiburg i.Br., (besonders S.347 ff. über die Auflösung der Zunft in den fünfziger Jahren, die noch einmal zur Konfrontation mit dem Gemeinderat führte); Festschrift zum 28. Deutschen Fleischer-Verbandstag in Freiburg i.Br. (besonders S. 56 ff. zur Auflösung der alten Metzgerzunft).

42 Vgl. Anm. 26.

43 So ist es auch denkbar, daß jene Handels- und Gewerbsleute, die nicht unter den Beschwerdeführern zu finden sind, nicht unbedingt als Befürworter einer generellen Zulassung von Israeliten in die Stadt anzusehen sind, sondern möglicherweise in der Zulassung eines für sie keine Konkurrenz bedeutenden jüdischen Rechtsanwaltes keine 'Gefahr' erblickten und im übrigen auf die zukünftigen Entscheidungen des Gemeinderates vertrauten.

44 Laut Zahlenmaterial von 1833 gab es unter den Juden in Baden: 570 Handwerksmeister, 341 Gesellen, 155 Lehr-

linge, 206 Landwirte, 26 Ärzte und Advokaten, 21 Künstler, 148 Wirte, 630 Handelsleute mit offenem Laden, 880 Landesproduktenhändler, allerdings auch noch 1091 Hausierer, Trödler u.a. (zitiert nach: Hundsnurscher/Taddey, Die jüdischen Gemeinden in Baden, S. 15 f.).

45 Dies im Gegensatz zu den Ereignissen in Konstanz, wo 1847 eine ausführliche Debatte über Nutzen oder Schaden einer Zulassung von Israeliten in die Stadt im Gemeinderat geführt worden war (Bloch, Geschichte der Juden von Konstanz im 19. und 20. Jahrhundert, S. 20 ff.).

46 In den Volkszählungen von 1849 und 1852 wurden überhaupt keine Juden aufgeführt – was nicht zu bedeuten braucht, daß sich tatsächlich keine mehr in der Stadt aufhielten. Es wird sich eher um eine Vorsorgemaßnahme gehandelt haben, um unerwünschte Popularität zu vermeiden. Nach der Volkszählung von 1855 hielten sich insgesamt 13 Juden in Freiburg auf (6 männliche, 7 weibliche), 1858 war die Zahl auf 22 (13 männliche, 9 weibliche) gestiegen. 1861, am Vorabend der Emanzipation, lebte gerade 27 (10 männliche, 17 weibliche) Israeliten in der Stadt (Freiburger Adreßkalender 1850, 1853, 1856, 1859, 1862).

47 Man vergleiche den in manchen Punkten ähnlichen Weg des Veit Ettlinger in Karlsruhe, der aber eben dadurch, daß er bereits seit Jahren im Besitz des Gemeindebürgerrechts war, in diesen Jahren schon den nächsten Schritt unternahm: der Wahl zum Gemeinderat (Richarz, Jüdisches Leben in Deutschland, S. 392 ff.).

48 Hierzu zählt beispielsweise der Federhändler Josef Weil, der als Vermögensnachweis einen Auszug aus dem Grund- und Pfandbuch Ihringen einreichte, laut dem ihm Bauern der umliegenden Gegend eine Summe von über 6000 Gulden schuldeten (Bürgerannahmeakte Josef Weil, StadtAF, C 1 Bürgerannahmen 71).

49 Vgl. dazu Kistler, Die wirtschaftlichen und sozialen Verhältnisse in Baden, S. 14-17. Erst 1856 wurde beispielsweise die erste Handwerkerbank in Freiburg gegründet. Die Entwicklung auf dem Land verzögerte sich noch länger.

50 Für die auf dem Land lebenden Juden hat Monika Richarz eine lang andauernde Kontinuität der Lebensbedingungen und ein sich bis in die achtziger Jahre ziehendes Überdauern vorkapitalistischer Einstellungen und Handlungsweisen auf seiten der Bauern festgestellt (Richarz, Emancipation and Continuity. German Jews in the Rural Economy). Für die badischen Verhältnisse (Richarz bezieht sich vorwiegend auf Preußen) wäre das genauer zu untersuchen. Bei einer Durchsicht katholischer Volkskalender für die Landbevölkerung war festzustellen, daß sich antijüdische Polemiken in erstaunlichen Grenzen hielten. Der „Freiburger Bote. Ein nützlicher und unterhaltender Haus- und Wirthschaftskalender ...“ (1831 bis 1862; nicht zu verwechseln mit dem ab 1865 erscheinenden „Freiburger Boten“) bringt zwar einige Geschichten über betrügerische Juden, aber doch mit bemerkenswert aufgeklärtem Unterton. Aus einer Geschichte um einen Gemeindeeinnehmer, der sich von einem Juden zum Lotteriespiel hat verleiten lassen, die Folgen seines Tuns aber sich selbst zuzuschreiben hat: „Mutter, sagte Buck zu seiner Frau, was doch so ein Jud lügt!“ „Ich hab den Rafaul noch nicht auf Lügen ertappt, als im Viehhandel, sagte seine Frau, und da lügt der Beste. Du könntest ihm ja doch auch Unrecht gethan haben!“ (Freiburger Bote, 1852). Oder folgende Bemerkung: „... der Izzik war ein Jüd zu Emmendingen, so ein rechter Bauernschächter, wie's Viele gibt, wenn die Bauern einfältig genug sind, sich schächten zu lassen“ (ebd.). Ziel dieses Volksboten scheint eher eine Erziehung zu vernünftigem wirtschaftlichem Handeln gewesen zu sein als Polemik aus politischen Gründen.

51 Literatur zur Freiburger Wirtschafts- und Sozialgeschichte im 19. Jahrhundert fehlt noch. Es existieren außer einigen pauschalen Überblicken nur Einzelstudien über einzelne Firmen, Verbände und Institutionen. Zu den Überblicken gehören: Schwineköper, Die Stadt Freiburg im Breisgau. Die wirtschaftliche und gesellschaftliche Entwicklung; Laubenberger, Freiburg im 19. und 20. Jh.; Ueberdick, Freiburg – am Vorabend der Expansion.

52 Zu diesem Thema: Gall, Der Liberalismus als regierende Partei, und Becker, Liberaler Staat und Kirche.

53 Rürup, Emanzipation, S. 164, Anmerkung 222.

54 Die Schrift ging, mit einigen anderen Pamphleten zur Judenfrage, aus dem Erbe C. Jägers an das Stadtarchiv über. Möglich, daß es sich dabei um jenen Jäger handelt, der sich später in der ultramontanen Bewegung in Freiburg engagierte.

55 Die Bürgerannahmeakten laufen mit Beginn der siebziger Jahre des 19. Jahrhunderts aus, so daß nicht für alle Gemeindemitglieder betreffende Akten vorliegen. Als Beispiel: Näf zahlte die üblichen Einkaufsgelder (120 Gulden für sich, die Hälfte für seine Frau; Ausländer hatten das Doppelte zu zahlen), dazu kamen die Gebühren für die verschiedenen Gemeindedienste. Hiervon wurden später, nachdem offensichtlich dem Gemeinderat klar ge-

worden war, daß der Eintritt der israelitischen Bewerber in den Allmendnutzen noch auf zehn Jahre ausgesetzt war, die Beiträge zum Einkauf in den Holzgenuß wieder gestrichen.
Bitten um „Taxermäßigung" (Max Weil, der israelitische Wirt, stellte sie wohl aufgrund seines schwachen finanziellen Rückhalts) wurden übrigens nicht berücksichtigt. Der notwendige Vermögensnachweis betrug 1000 Gulden.

56 Schwierigkeiten hatte jedoch ein Bewerber namens Seligmann Jonas Levy. Er war in Bayern geboren worden, 1852 nach Amerika ausgewandert und 1864 zurückgekehrt und beabsichtigte, mit seinen 3000 Gulden Ersparnissen ein Geschäft in Freiburg zu eröffnen. Auch ihm fehlte noch das badische Indigenat, doch wurde er – da er Ausländer und unbekannt war, darüber hinaus keine positiven Referenzen beibringen konnte (gefordert war ein Leumundszeugnis) – nicht angenommen.

57 Zum Teil kamen die Vermögen auch durch beträchtliche Aussteuern zusammen. Ein Beispiel für einen Ehevertrag sowie dem Verzeichnis der von der Braut mitgebrachten „Fahrnisse" (= bewegliches Sachvermögen) findet sich in der Akte Salomon Pollocks.

58 Lewin, Geschichte der badischen Juden, S. 318-327 und S. 385. Daß dies nicht die Aufgabe aller Traditionen bedeutete, zeigte die Friedhofsfrage.

59 Im Falle Jacob Weils war es offensichtlich in dieser Frage zu einem Streit mit seiner Heimatgemeinde Müllheim gekommen, der vom Oberrat zugunsten der Gemeinde entschieden worden war.

60 Vgl. Gall, Partei- und sozialgeschichtliche Problematik; Dorneich, Kirchenkampf in Baden; Becker, Liberaler Staat und Kirche; Gall, Liberalismus.

61 Lamey hatte gesagt, nur Gimpel könnten so dumm sein, die Vorteile des neuen Schulwesens nicht einzusehen und sich von der katholischen Opposition aufhetzen zu lassen. Reaktionen auf diese Rede: Freiburger Zeitung Nr. 103 vom 1.5.1864 („kräftige und zeitgemäße Worte") und Freiburger Katholisches Kirchenblatt Nr. 17 vom 27.4.1864.

62 Zur Führungsschicht einige Jahre später liegt eine erste Untersuchung vor: Dorneich, Führungsschicht der katholischen Volkspartei.

63 Zum Ton vgl. den Artikel „Neujüdische Moral" (Freiburger Katholisches Kirchenblatt Nr. 46 vom 11.11.1863): „Führwahr, das ist die Manier eines ganz gemeinen, ungläubigen, verkommenen Fortschrittsjuden" (S. 364); „. . . jenen verlüderlichten Neujuden, die, alles religiösen Glaubens baar, die ihnen öfter eigenthümliche orientalische Agilität nur dazu gebrauchen, Alles zu demoralisiren und zu verpesten, was in ihre Nähe kommt" (S. 365).

64 Freiburger Zeitung Nr. 99 vom 27.4.1864. Auch die „Freiburger Zeitung" war, im Besitz des Gemeinderats, natürlich ein solches amtliches Verkündigungsblatt. Der „Freiburger Bote" erreichte laut eigenen Angaben bis zum 23.4.1865 eine Zahl von 1500 Abonnenten, davon sollen bis zum Jahresende 400 in Freiburg lebende gewesen sein. Das ist – angesichts einer Bevölkerung von etwa 20 000 Einwohnern – nicht sonderlich viel.

65 StadtAF, B 5 XIII a Ratsprotokolle vom 27.1., 17.3. und 14.4.1863; Verkündungsblatt für die Stadtgemeinde Freiburg Nr. 35 vom 3.5.1863.

66 Auch im Rückblick von 1868 (vgl. unten) werden keine genauen Motive für die geänderte Friedhofsordnung genannt, jedoch offenbare „Zeitumstände" für die Entscheidung verantwortlich gemacht.

67 Darstellung und alle Zitate nach den Akten (StadtAF, C 2 (19) Begräbnisse 13 Errichtung eines Friedhofs für die hiesige israelitische Gemeinde; Leichen-, Begräbnis- und Taxordnung für dieselbe (1865/70)). f 25,– = 25 Gulden.

68 Schreiben vom 8.12.1866. Es unterzeichneten: S. Reiss, Jacob Rieser, Max Zivi, Julius Mayer, J. Rothschild, M. Marx, J. Weil-Friedberg, Heinrich Zivi-Lang, N. Geismar, S. Weil, D. Hemmerdinger, S. Dreyfuß, S. Pollack, Joseph Weil und Emanuel Uffenheimer.

69 Schreiben des Synagogenrats vom 3.4.1870 und des Gemeinderats vom 12.4.1870. Ob mit der Stiftung Verhandlungen aufgenommen wurden, geht aus den Akten nicht hervor.

70 Klapper, Stadtentwicklung und Schulwesen in Freiburg i.Br., S. 31, meint, dies wäre erst nach 1876 der Fall gewesen. Das Gegenteil wird belegt durch das nachfolgend zitierte Schreiben des Synagogenrats vom 7.10.1867 sowie durch die zitierte Zeitungsnotiz aus dem „Freiburger Boten". Der Versuch, anhand der Schülerlisten der Volksschulen israelitische Kinder ausfindig zu machen, scheiterte, da diese Listen nur bis zum Sommer 1862 erhalten sind. Für die höheren Schulen liegen im Stadtarchiv überhaupt keine Schülerlisten vor. Daß israelitische Schüler aber zum Teil auch von außerhalb in die Stadt kamen, belegt die Volkszählung von 1864 (vgl. Kapitel 6).

71 Darstellung und Zitate aus: StadtAF, C 2 Judensachen 75/1 (1): I. Überlassung eines Schullocals an die israel. Ge-

meinde zur Ertheilung des Religionsunterrichts an israelitische Kinder, II. Errichtung einer isr. Volksschule (1867/75).
Ein Zwischenfall ganz anderer Art findet sich in StadtAF, C 2 Judensachen 75/1 (2): In einem Schreiben vom 12.7.1865 bittet der Synagogenrat das Bürgermeisteramt, Karl Lyon und H. Levistein vorladen zu lassen und „dieselben bei Strafandrohung an(zu)halten . . ., daß sie ihren Kinder den Religionsunterricht angedeihen lassen." Religionslehrer Scherer hatte sich anscheinend beschwert, daß die schulpflichtigen Kinder der Genannten nicht zum Unterricht erschienen. Das Bürgermeisteramt erfüllte die Bitte und lud am 14.7. „Carl Léon und die Ehefrau des Herz Levisteins" vor, um ihnen dies zu eröffnen. Welche 'Strafen' bei Nichteinhaltung erfolgt wären, geht aus den Akten nicht mehr hervor.

72 Schreiben des Gemeinderats vom 15.10. und 12.11.1867, des evangelischen Ortsschulrats vom 3.12.1867 und des Gemeinderats vom 10.12.1867.

73 Schreiben des Gemeinderats vom 22.8.1871, des katholischen Ortsschulrats vom 19.9.1871 und des Gemeinderats vom 23.9.1871.

74 Schreiben des Synagogenrats vom 8.10.1874, des Gemeinderats vom 14.10., des Synagogenrats vom 7.11., des Gemeinderats vom 11.11. und des Synagogenrats vom 30.11.1874.

75 Schreiben des Synagogenrats vom 23.6.1875. Er wies darauf hin, daß die Gemeinde diesen Minimalbetrag auf 1500 Mark ergänzen müsse, um einen geeigneten Kandidaten zu bekommen.

76 Schreiben des Gemeinderats vom 26.10.1875; Verkündigungsblatt und Anschlagplakat, Protokoll der Sitzung sowie die Abstimmungsliste finden sich ebenfalls in den Akten. Unter den Mitgliedern des Bürgerausschusses war, als Nummer 113, „Adolf Weil, Agent".

77 Zwischenfälle wie beispielsweise dem, daß der Schuldiener erst vom Bürgermeister aufgefordert werden mußte, auch an Sonn- und Feiertagen für den israelitischen Religionsunterricht das Schulzimmer zu heizen. Lehrer Bodenheimer hatte sich über dessen Weigerung beschwert, nachdem einmal bei 10° C Kälte der Unterricht hatte ausfallen müssen.

88 Schwineköper/Laubenberger, Freiburger Juden, S. 8; Freiburger Adreßkalender 1864. Vermieter war Kaufmann Ludwig Stutz.

89 Eine Schrift des Kreisgerichtssekretärs Heinsheimer (StadtAF, Dwe 5/610 Sammelmappe Juden in Freiburg) trug eine entsprechende Aufschrift: „Der Reinertrag dieser Schrift ist der Synagogenbaukasse gewidmet". Auf den Inhalt der Schrift gehe ich weiter unten ein (Anm. 100).

90 StadtAF, C 2 Judensachen 75/1 (4): Errichtung einer Synagoge (1869).

91 StadtAF, C 2 Judensachen 75/1 (2); das Programm der Einweihungsfeier ist im Stadtarchiv ebenfalls erhalten (StadtAF, Dwe 5/590) und findet sich in Anhang 4.

92 Schwineköper/Laubenberger, Freiburger Juden, S. 8.

93 Becker, Liberaler Staat und Kirche, S. 210 ff., insb. S. 211: Fauler hatte 7295, Lindau 6181 Stimmen gewonnen.

94 Näfs Name findet sich auf Spendenaufrufen der Zeit und in Gründungsausschüssen wichtiger Institutionen, z.B. der Gewerbebank (vgl. Kapitel 13). Auf die „jüdische Abstammung" des neuen Abgeordneten werden die entsprechenden Blätter vermutlich in ähnlicher Weise hingedeutet haben, wie sie es anläßlich Laskers Besuch in Baden im September 1870 taten (Freiburger Zeitung Nr. 228 vom 28.10.1870).

95 Vgl. Becker, Liberaler Staat und Kirche, S. 231 f.; zur Einordnung Näfs als Abgeordneten vgl. Hamburger, Juden im öffentlichen Leben Deutschlands, S. 235 f.

96 Volkszählungsergebnisse nach den betreffenden Jahrgängen des Freiburger Adreßkalenders. Zahlen im folgenden nach Kneile-Klenk, Zur Bevölkerungs- und Wirtschaftsstruktur der Stadt Freiburg i.Br. während der Gründerjahre, S. 35.
Die Zahlen für 1871:

Gesamtbevölkerung	100 %	24.668
Katholiken	79 %	19.689
Protestanten	19 %	4.634
Israeliten	1,35 %	333

97 Toury, Jüdische Textilunternehmer in Baden-Württemberg, S. 106-116. Die für Freiburg gesammelten Materialien befinden sich mittlerweile im Archiv des Leo Baeck Instituts, New York.

98 Sepp, Geschichte der Freiburger Gewerbebank.

99 Spendenaufruf für die von einer Überschwemmungskatastrophe betroffene Schweiz (Verkündungsblatt für die Stadtgemeinde Freiburg Nr. 172 vom 27.10.1868); Aufruf zur Gründung eines allgemeinen deutschen Invaliden-, Witwen- und Waisenfonds vom 4.9.1870 (StadtAF, C 1 Manifeste, Flugblätter).

100 Festrede zur Feier des 18. Okt. gehalten im Betsaale der israel(itischen) Relig(ions) ges(ellschaft) zu Freiburg i. Br. von Referendär Heinsheimer, Freiburg 1863 (StadtAF, Dwe 5/610; vgl. Anm. 89). (Bem.: der 18. Oktober ist der

Jahrestag der Leipziger Völkerschlacht) „Wir wollen sein ein einig Volk von Brüdern! – Das ist die Bedeutung unseres Jubeltages für alle Deutschen insgesamt. Welches aber ist die besondere Bedeutung dieses Tages für die deutschen Israeliten? (...)

Da aber wir, hochverehrte Versammlung! so ganz besondere Gründe zur Dankbarkeit am heutigen Tage haben, o, so stimmen Sie mit mir in die wärmste Fürbitte ein für unser geliebtes Vaterland. Es ist unwahr, und eine Verläumdung unserer Feinde, daß unser Messiasglaube uns von hier zum fernen Osten führt. Unser Messiasglaube ist der Glaube, der die Gebildeten aller Nationen vereint, der Glaube, daß eine Zeit kommen wird, wo alle Völker an *einen* Gott glauben ... Diesen Gott aber wollen wir deutsche Israeliten ebenso als Deutsche verehren, wie unsere Brüder; das Jerusalem, das sich nach unserm Messias-Glauben aufbauen soll, ist ein geistiges, die Welt umfassendes; *unser Vaterland ist und bleibt – Deutschland!*" (S. 9 und 13).

101 Schulin, Geschichte der Evangelischen Kirchengemeinde Freiburg, S. 11 f.

Anhang 1

Aufstellung der Beschwerdeführer von 1849 und 1850 nach Berufen

Die folgende Tabelle wurde zusammengestellt aus den beiden Unterschriftenlisten des Protestschreibens an den Gemeinderat (StadtAF, C 1 Bürgerannahmen 45) sowie der Rekursbeschwerde der Handelskammer (GLA, Akten des Stadtamtes Freiburg). Die Berufsangaben wurden laut Angabe des Freiburger Adreßkalenders 1849 bzw. 1850 hinzugefügt; bei nicht sicheren oder nicht feststellbaren Fällen erscheint ein Fragezeichen. Das Gleichheitszeichen bedeutet, daß der erwähnte Name auch auf der Rekursbeschwerde auftaucht.
Einige nicht eindeutige Namen konnten mit Hilfe von Unterschriftenvergleichen identifiziert werden (die Fälle 8 und 14 gehören hier dazu).

Nr.	Protestschreiben an den Gemeinderat	Rekursbeschwerde der Handelskammer	Berufe der Beschwerdeführer
1		Ambs, Martin	Kranzwirt
2	André, Carl	=	Handelsmann
3	Baader & Maier		Handelshaus
4		Baier, Xaver	Kranzwirt
5		Bannwarth, George	Handelsmann
6		Bannwarth, Raimund	Handelsmann
7	Bartenstein, Friedrich	=	Handelsmann
8	Behrle, Hermanna/Montfort, Wilhelm	=	Handelshaus
9	Betzinger, Johann Baptist	=	Metzger
10		Biehler, Ferdinand	Metzger
11		Biehler, Max	Metzger
12	Brand, Bernhard		Handelsmann
13	Buisson, Heinrich	=	Handelsmann
14	Burkart, Joseph	=	Handelsmann
15	Butz, Jakob		Kartenmacher
16	Dietler, Dominik	=	Handelsmann
17	Dischler, Carl	=	Handelsmann
18		Dreyer, Fidel	Schneider
19		Durst, Johan	Handelsmann
20		Egle, Johan	Metzger
21		Ehret, Martin	Metzger
22	Fauler, Eduard	=	Eisenwerkbesitzer
23		Federer, Dominik jung	Rotgerber
24		Federer, Dominik alt	Rotgerber
25		Federer, Louis	Rotgerber
26		Fischer, Johann Baptist	Wirt zum Lamm
27		Fischer, Witwe	Kranzwirtswitwe
28		Flohr, Franziska	Säcklersfrau
29		Freund, Johann	Kranzwirt
30		Frey, Michael	Wirt zum Hirschen
31		Fuchs, Andreas	Wirt zur Sonne

32		Ganter, Johan	Metzger(?)
33		Gerber, Dominik	Metzger
34		Gerber, Xaver	Metzger
35	Glaris, Franz	=	Handelsmann
36		Gloderer, Dominik	Metzger
37	Grafmüller, Carl	=	Goldarbeiter
38		Gutgfell, Martin	Wirt zur Krone
39		Haltmeier, Michael	Buschwirt
40		Hauser, Georg	Wirt zum Bären
41		Herb, Carl	Wirt zum Pfauen
42	v. Hermann, H. Benedikt	=	Handelsmann
43	Heydt, Heinrich		Handelsmann
44		Hoelzlin, Johann Nepomuk	Wirt zum Wilden Mann
45	Horber, Johan	=	Metzger
46	Hornecker, Johan		Schuster
47	Hummel, Georg Anton		Handelsmann
48		Jehle, Karl	Zeugschmied
49		Jößlin, Michael	Weißgerber
50		Kapferer, Emil	Hofgerichts-advokat
51	Kapferer, Gebr.	Kapferer, Carl	Handelsmann
52		Kapferer, Carl-Heinrich	Handelsmann
53	Kapferer, Heinrich senior		Handelsmann
54		Kapferer-Sautier	Handelshaus
55	Knupfer, Xaver alt	=	Rotgerber
56	Knupfer, Xaver jung	=	Rotgerber
57		Kohler, Joseph	Metzger
58		Kohler, Xaver	Metzger
59		Kohler, Xaver jung	Metzger
60	Korder, Friedrich		Goldschmied
61	Krauß, Dominik alt		Hafner
62	Krebs, Johann Alexander	=	Handelsmann
63		Kuenzer, Wilhelm	Rotgerber
64		Lang, Anna	Kamelwirts-witwe
65		Maier, J. Wilhelm	Handelsmann(?)
66	Mayer, Jakob	=	Handelsmann
67		Mayer, Martin	Metzger
68		Marbé, Ludwig	Wurster
69		Messy, Alois	Kaffeewirt
70	Meyer, Rudolf		Metzger
71		Möller, Eduard Heinrich	Handelsmann
72		Mog, Landolin	Metzger
73	Montfort, Carl		Handelsmann
74	Montfort, Theodor	=	Handelsmann
75		Müller, Fidel	Wirt zum Rhein. Hof
76		Müller, S...	?
77		Nino, Gebrüder	Handelshaus
78		Pfeiffer, Martin	Wirt
79	Raißer, Max Ludwig	=	Handelsmann
80	Rau, Ludwig Wilhelm	=	Handelsmann
81		Rießer, Johan	Buschwirt
82		Ritzenthaler	Wirt
83		Rosset, Dominik	Handelsmann
84	Runk, Carl	=	Handelsmann

85		Sacher, Friedrich	Wirt zum Lindenbaum
86		Sartory, Joseph	Rotgerber
87		Sautier, Christian	Handelsmann
88		Sautier, Constantin	Handelsmann
89	Sautier, Joseph		Handelsmann
90	Schell, Valentin	=	Metzger
91	Scherer, Wilhelm	=	Handelsmann
92	Schlosser, Joseph Alois	=	Handelsmann
93		Schuhmacher, Carl	Handelshaus
94	Spiegelhalder, Kirner & C(ompagn)ie	=	Handelshaus
95		Spindler, Ignaz	Metzger
96	Spreter, Jakob	=	Metzger
97	Spreter, Simon	=	Metzger
98	Stadler, Anton	=	Goldarbeiter
99		Stadler, Johann Nepomuk	Badinhaber
100		Staiber, Alexander	Metzger
101		Stayert, Johann Nepomuk	Wirt z. d. Dreikönigen
102		Stegmann, Xaver	Bierwirt
103	Stohr, Erben	=	Handelshaus
104		Stolz, Georg	Rotgerber
105	Stratz, Sebastian		Müller
106	Stutz, Gebrüder	=	Handelshaus
107		Wagner, Friedrich	Buchhändler
108		Weibel, Karl	Buschwirt
109	Weiß, Gervas	=	Handelsmann
110	v. Welz, Franz		Handelsmann
111		Willi, Johann Baptist	Schneider
112		Wipf, Johan Georg	Landwirt
113	Wipperth, Felizian		Küfer
114	Wolff, Georg Anton		Handelsmann
115		Wurzer, Sebastian	Wirt zur Stadt Wien
116	Zeller, Xaver		Handelsmann
117		Zimmermann, Ziriak	Wirt zum Mohren
118	(R...?)		?
119		(Wilhelm?)	?

Anhang 2

Petition Freiburger Bürger an die Zweite Kammer der Landstände gegen die Abänderung des § 58 des Bürgerrechtsgesetzes vom 18. Februar 1862

GLA 231/1425, Petitionsnummer 582; es handelte sich nicht um jenes lithographierte Formular, von dem die Rede war, sondern um ein eigenständig formuliertes Schreiben.

„Hohe zweite Kammer der Landstände!
Auch die Staatsbürger christlicher Religion konnten vor dem Erscheinen des Bürgerrechtsgesetzes von 1831 die bürgerliche Aufnahme in einem Ort, wo ihnen kein angeborenes Bürgerrecht zustand, als ein Recht nicht verlangen, dieselbe hing vielmehr von dem Ermessen der Gemeinde ab. Diese auch der Freiheit und Selbständigkeit der Gemeinden allein entsprechende Regel erhielt erst durch den § 20 (17) des angeführten Gesetzes eine Ausnahme, indem hiernach die bürgerliche Aufnahme bei Erfüllung der vorgeschriebenen Bedingungen auch gegen den Willen der Gemeinden als ein Recht in Anspruch genommen werden konnte.

Wenn nun der § 58 (54) desselben Gesetzes verfügt, daß weder dieses noch die Gemeindeordnung auf die bürgerlichen Rechte der Israeliten Anwendung finde, so bestimmt es nicht anderes, als daß es in Ansehung der Israeliten bei der ursprünglichen Regel verweilt und eine zwangsweise Annahme derselben da nicht stattfinde, wo seither keine ansässig waren.

In allen anderen Beziehungen sind die Israeliten mit den Christen vollkommen gleichgestellt; sie erfreuen sich unbedingt aller staatsbürgerlichen Rechte, sie sind befugt, in jeder Gemeinde Liegenschaften zu erwerben, sie können sich mit Bewilligung der Staatspolizeybehörden in jedem Orte niederlassen und jede von dem Besitz des Ortsbürgerrechts unabhängige Erwerbsart ausüben, die Gemeindegesetze finden endlich auf sie Anwendung, wo sie bürgerlich aufgenommen sind, oder freiwillig aufgenommen wurden.

Insofern noch eine Beschränkung in gewerblicher Beziehung stattfand, insofern nämlich die bürgerliche Aufnahme zum Betrieb gewisser Gewerbe eine Bedingung war, so sollen die Gesetze über Gewerbebetrieb und Niederlassung Abhilfe bringen. Mehr haben unseres Wissens auch die Israeliten selbst nicht verlangt und es lag schlechterdings kein Grund vor, auch die Aufhebung des § 58 (54) des Bürgerrechtsgesetzes zu beantragen und dadurch den Gemeinden ein ihnen zustehendes Recht zu entziehen.

Es soll aber nicht bloß ein Zwang zur bürgerlichen Annahme der Israeliten stattfinden, indem ihnen nach einer kurzen Frist die Theilname am Bürgergenuß eingeräumt und folgmäßig das selbst zum Vortheil christlicher Ortsbürger bestehende Prinzip des § 104 (85) der Gemeindeordnung umgestoßen werden, was ohne Zweifel auch die Einsprachen gerade derjenigen Gemeinden veranlaßt hat, in welchen bis jetzt keine Israeliten ansässig waren.

Eine solche tiefeingreifende Änderung ist aber weder durch ein Recht, noch durch das Staatswohl, noch durch ein spezielles Bedürfnis geboten, ja nicht einmal von den zu Begünstigenden veranlaßt worden, während die wahre öffentliche Meinung, der Rechtsanschauung und dem unzweideutigen Willen des Volkes widerspricht, denen vor allem seine Abgeordneten Rechnung tragen sollten. Alle Erwägungen, welchen der § 58 (54) des Bürgerrechtsgesetzes seine

Entstehung verdankt, bestehen noch in ungeschwächter Kraft und es kann dagegen kein neuer Grund geltend gemacht werden.
Die Unterzeichneten stellen daher an die hohe zweite Kammer der Ständeversammlung die geziemende Bitte: der in Vorschlag gebrachten Änderung der Gemeindegesetze zu Gunsten der Israeliten ihre Genehmigung versagen zu wollen.
Freiburg d. 18. Febr. 1862"

(Es folgen die nachstehend aufgeführten Unterschriften; von der Verfasserin hinzugefügt wurden die Berufe der Petenten, soweit sie nach dem Freiburger Adreßkalender zu ermitteln waren, sowie die Angabe darüber, ob sich der Betreffende an den Petitionen von 1849/50 beteiligt hatte.)

Nr.	Name	Beruf	Unterschrift 1849/50
1	Martin Dufner	Mehlkremp	–
2	H(einrich) Ruef	Instrumentenmacher	–
3	Paul Laile	Buchbinder	–
4	L(?) Keller	?	–
5	J(ohann) Krebs	Handelsmann	ja
6	H(einri)ch Kapferer	Handelsmann	ja
7	F.H. Satar	Kaufmann	–
8	Zimmermann z. Geist	Geistwirtswitwe	–
9	F(ranz) X(aver) Stenzel	Kaufmann	–
10	Max Ludwig Raißer	Kaufmann	ja
11	D(ominik) Gaeß	Handelsmann	–
12	Aug(ust) Marbé	Wursterwitwe	ja
13	Fr(anz) Glaris	Handelsmann	ja
14	F(?) Müller	?	
15	L(udwig) W(ilhelm) Rau	Handelsmann	ja
16	(Victor) Uslaender	Kaufmann	–
17	Anton Maier	Kaufmann	–
18	M(elchior) M. Trescher	Wirt zum Pfauen	–
19	Carl Dischler	Handelsmann	ja
20	(?) Fürderer	?	–
21	Wilh(elm) Huess	Blechner	–
22	Zi(riak) Zimmermann	Weinhändler	ja
23	Bernhard Dischler	Schuster	–
24	J(ohann) B(aptist) Trescher	Kranzwirt	–
25	J(ohann) B(aptist) Trescher	Wurster	–
26	Ch(ristian) Renz	Bierbrauer	–
27	(Ketterer)	?	
28	Valentin Schell	Metzger	ja
29	Fidel Vogt	Hafnermeister	–
30	And(reas) Beutler	Bäcker	–
31	Bernhard Baader	Hutmacher	–
32	J(?) Müller	?	–
33	Aug(ust) Baumholder	Buchbinder	–
34	Franz Xaver Zentlin	Schneider	–
35	Aloys Wirth	Metzgerwitwe	–
36	A(braham) Brohmann	Hanffarbrikant	–
37	F(ridolin) Gerteisen	Schneider	–
38	F(ranz) Kapferer	Handelsmann	–
39	Vannoti & Heyd	Handelshaus	ja
40	Karl Pfeiffer	Mehlhändler u. Müller	–
41	Joseph (?)	?	
42	H(einrich) Buisson	Handelsmann	ja
43	A(?) F(?) Dutte(?)	?	
44	Karl Mägle	Säckler	–
45	A(?) L(?) Butz	?	–

46	Joh(ann) Klingele	Handelsmann	–
47	Max Ketterer	Schneiderwitwe	–
48	Hermann Bacheberle	Bäcker	–
49	Jos(ef) v. Heimh(?)	?	–
50	J(ohann) Durst	Handelsmann	ja
51	J(osef) Mayer-Burkart	Federnfabrikant und Handelsmann	–
52	Jos(ef) Burkart senior	Privatier	ja
53	Alois Maier	?	–
54	G(eorg) Bannwarth	Handelsmann	ja
55	Joseph Kammerer	Müller	–
56	Anton Wehrle	?	–
57	Mayer Zwölfert & Comp(agnie)	Handelshaus	ja
58	Anton Zieler	Baumwollen-händler	–
59	C(arl) H(einrich) Runk	Handelsmann	ja
60	Kuhn u. Sohn	Handelshaus	–
61	Andreas Sumser	Dreher	–
62	Adolf Kornhas	Lithograph	–
63	Alexander Kliment	Schuster	–
64	S.M. Klein	Handelsmann	–
65	Ch. Thoma	?	–
66	Aug(ust) Bartenstein	Handelsmann	–
67	Wilh(elm) Dederer	Handelsmann	–
68	Ig(naz) Reisacher	Uhrmacher	–
69	Max Dischler	Kaufmann	–
70	C(arl) Grafmüller	Goldarbeiter	ja
71	Joh(ann) Dufner	Seiler	–
72	E(rnst) Th(eodor) Fendrich	Bierbrauer	–
73	Jos(eph) Kuenz	Buchbinder	–
74	Alb(recht) Schuldheiß	Schuster	–
75	Tritschler	?	–
76	(Fidel) Müller z. Rhein. Hof	Wirt z. Rhein. Hof	ja
77	A(ndreas) Huggle	Buchhändler	–
78	Joseph Thoma	?	–
79	Anton Burger	Heizer	–
80	Vinz(enz) Hettich	Schuster	–
81	Peter Dreyer	Hafnermeister	–
82	Eduard Nikola	Hafnermeister	–
83	Philipp Strohm	Schuhmacher	–
84	J(?) Ruef	?	–
85	Aug(ust) Sigwart	Kaufmann	–
86	A(?) B(?) Butz	?	–
87	Benedikt Hetzel	Schuster	–
88	Jakob Schlichtel	Kübler	–
89	Alexander Fehrenbach	Hafner	–
90	J(ohann) B(aptist) Metzler	Laistschneider	–
91	Sebastian Schinzinger	Schreiner	–
92	Johann Schill	Rebmann	–
93	Lorenz Schwarzweber	Hafnermeister	–
94	Albert Gebhardt	Kaufmann	–
95	G.M. Demmler	Chirurg	–
96	D(ominik) Knöbel	Uhrmacher	–
97	Xaver Ritzenthaler	Kupferschmied	–
98	E(dmund) Williard	Kaufmann	–
99	J(ohann) Hornecker	Schuster	ja
100	Franz Zipfel	Bäcker	–
101	F(ranz) X(aver) Deckel	Kaufmann	–
102	Carl Ruckmich	Musikalienhändler	–
103	Oskar Menner	Säckler	–
104	Wetzel	?	–
105	Wilhelm Meyer	Kaufmann	–

106	Hirschenwirth M(ichael) Frei	Wirt z. Hirschen	ja
107	?	?	?
108	Ad(olph) Scheltle Bijoutier	Goldarbeiter	–
109	Wilh(elm) Haas	Wagner	–
110	Fried(rich) Korder	Goldarbeiter	ja
111	Ignaz Spindler	Metzger	ja
112	Ant(on) Seilnacht	Wurster	–
113	Johann Schillinger	Metzger	–
114	Landolin Mog	Metzger	ja
115	Xaver Bihler	Metzger	–
116	Joseph Knupfer	Metzger	–
117	Wilhelm Knupfer	Metzger	–
118	Adolf Bihler	Metzger	–
119	Johann Bihler	Metzger	–
120	Ed(uard) Schweizer	Metzger	–
121	Johann Horber	Metzger	ja
122	Hermann Amann	Metzger	–
123	Fridolin Thoma	Metzger	–
124	Max Vogt	Wurster	–
125	Gustav Schweikhard	Metzger	–
126	Johann Egle	Metzger	ja
127	Jakob Spreter	Metzger	ja
128	Johann Deckert	Metzger	–
129	Simon Spreter	Metzger	ja
130	Xaver Kohler	Metzger	ja
131	Josef Flamm	Landwirt	–
132	E(dmund) Kuenzer	Handelsmann	–
133	Ferdinand Heisler	Posamentier	–
134	W(ilhelm) Scherer	Leihhausverwalter	–
135	M. Tröndle	Leihhauscassier	–
136	Wilh(elm) Echtle	Schneider	–
137	Jos(ef) Held	Beurbarungscassier	–
138	Claudius Buisson	Kornhausschreiber	–
139	Gustav Wolfinger	Kaufmann	–
140	Johann Tenz	Branntweinbrauer	–
141	Joh(ann) Metzger	Schlosser	–
142	Jos(ef) Haas	Schuhmacher	–
143	Aug(ust) Imhof	Buchbinder	–
144	H(?) Albrecht	?	–
145	(Christian) Walter	Antiquar	–
146	Bapt(ist) Losinger	Wachszieher	–
147	Konstantin Kammerer	Schreiner	–
148	Franz Joseph Ries	Bäcker	–
149	Johann Hineisen(?)	?	
150	Joseph Nick	?	–
151	J(ohann) Willmann	Schreiner	–
152	Anton Krieg	Schuster	–
153	W(ilhelm) Herrmann	Bierbrauer	–
154	X(aver) Steiber	Schlosser	–
155	Georg ?	?	
156	J. Pyhrr	Gastwirtswitwe	–
157	W. Nino	Beurbarungsverwalter	–
158	Karl Mergele	Schuster	–
159	Louis Binz	Tapezier	–
160	Theodor Buisson	Tapezier	–
161	Carl Schweizer	Färber	–
162	Andreas Schweizer	Färber	–
163	Ignaz Walter	Bäcker	–
164	J.J. Fehrenbach	Handelsmannwitwe	–
165	Joh(ann) Ehret	Privatier	–
166	K(arl) Butz	Färber	–
167	X(aver) Knupfer Sohn	Rotgerber	ja
168	Anton Rosset	Städt. Aufseher	–
169	Albrecht Müller	Zeugschmied	–
170	Jos(ef) Schnekenburger	Handelsmann	–
171	Jacob Weiher	Metzger	–
172	J(osef) Weiß	Gerichtsvollzieher	–

173	Christoph Manto	Schuster	–
174	P(hilipp) A. Demuth	Lederhändler	–
175	Martin Pfeiffer	Privatier	–
176	Mathäus Bleyer	Schuster	–
177	J(osef) Sartory	Rotgerber	ja
178	Knupfer alt	Gerber	ja
179	Johann Böhm	Feldwirt	–
180	Julius Dufner	Schreiner	–
181	Ed(uard) Erggelet	Wachszieher	–
182	Heinr(ich) Tritschler	Seifensieder	–
183	A(dolf) Glockner	Bäcker	–
184	Theodor Bannwarth	Handelsmann	–
185	August Hauser	Lackierer u. Vergolder	–
186	Joseph Reichenstein	Vergolder	–
187	Anton Heitzler	Schneider	–
188	Jos(ef) Fuchs	?	–
189	Jos(ef) Zimmermann	Schuster	–
190	Karl Hug	Schreiner	–
191	Jung (?)?	?	–
192	Henry Hölzlin	ohne Angabe	–
193	Jos(ef) Hetzel	Schuster	–
194	Joseph Rees	Schreiner	–
195	Franz Xaver Strub	Schuster	–
196	Benjamin Heckmann	Schuster	–
197	Michael Schiffhauer	Eisenarbeiter	–
198	Jakob Federer	Bäcker	–
199	Xaver Allgaier	Bäcker	–
200	Andreas Raufer	Schuster	–
201	Lorenz Ruh	Schuster	–

Anhang 3

Akten zur Gründung der israelitischen Gemeinde Freiburg, 1864/65

StadtAF, C 2 Judensachen 75/1 (2)

1. Entwurf der Statuten einer israelitischen Religionsgemeinde zu Freiburg

Geschehen Freiburg, den 16.Januar 1864
Bei der heute Abend stattgefundenen Generalversammlung der hier wohnhaften Israeliten wurde beschlossen, auf hiesigem Platze eine israelitische Religionsgemeinde zu gründen, u. haben sich die Unterzeichneten über folgende Statuten geeinigt.

§ 1

Die unterschriebenen hier wohnhaften Israeliten bilden sich zu einer Gemeinde, und verpflichten sich, die zur Bestreitung der Gemeindebedürfnisse nöthigen Ausgaben auf sich zu nehmen.

§ 2

Die Mitglieder, welche jetzt die Gemeinde gründen, bestehen aus 9 hiesigen Bürgern und 8 nichthiesigen Bürgern: die nichthiesigen Bürger erklären aber, daß sie sich allen Verpflichtungen zur Gemeinde, und allen denjenigen gesetzlichen Bestimmungen und Verordnungen unterwerfen, welche für die hiesigen Bürger maßgebend sind, selbst wenn dieselben von der Beitragspflicht zu ihrer Heimatsreligionsgemeinde hierdurch nicht entlastet werden sollten.

§ 3

Zur Bestreitung der Gemeindebedürfnisse werden direkte und indirekte Abgaben erhoben.
Die direkten Abgaben sind folgende:

a) Einkaufsgelder von neu eintretenden Mitgliedern, welche hiermit festgesetzt werden:
   1. Von ledigen Personen ein Prozent ihres Vermögens.
   2. Bei einer Verheirathung von Vermögen oder der Ehesteuer des Bräutigams ein Prozent.
   3. Vom Vermögen oder der Ehesteuer der Braut ebenfalls ein Prozent.
   4. Von bereits verheiratheten Personen ein halb Prozent vom Gesamtvermögen, welches Vermögen von der Schatzungscommission zu bestimmen ist.
   Das Einkaufsgeld für eine ledige Person darf aber den Betrag von Einhundert Gulden, jenes für den Bräutigam und die Braut, oder für Mann und Frau den Betrag von Zweihundert Gulden nicht übersteigen.
   5. Wenn sich ein Mitglied nochmals verheiraten sollte, hat er vom Vermögen seiner Braut ebenfalls ein Prozent zu bezahlen, jedoch darf dieses Einkaufsgeld den Betrag von einhundert Gulden nicht übersteigen.

Sämtliche Einkaufsgelder fließen in die jetzt bestehende Synagogenbaukasse, sollte aber diese Casse fragliche Gelder nicht mehr nöthig haben, sollen solche in die Gemeindekasse fließen.

b) Ein Viertel des jährlichen Bedarfs wird auf die Familienhäupter repartirt, die übrigen drei Viertel auf das Vermögen; Witwen haben aber bloß die Hälfte des Familienhauptbeitrags und der Vermögenssteuer zu zahlen.

Die indirekten Abgaben betreffen:

1. in der Versteigerung, Verloosung beziehungsweise Verpachtung der vorhandenen Plätze im Betlocale oder der Synagoge.
2. Für die extra bestellten Funktionen werden 12

Kreuzer pr(o) Stück zur Synagogenbaukasse, beziehungsweise Gemeindekasse erhoben.

3. Bei Trauungen im Betsaal oder einer Synagoge haben zu zahlen: die Unterführer jeder Ein Gulden, die Heimführer jeder dreißig Kreuzer.
4. Ein nicht der Gemeinde zugehörender Bräutigam hat für Trauung im Betsaale oder Synagoge fünf Gulden zu zahlen.

§ 4

Sämtliche Mitglieder, welche jetzt die Gemeinde bilden, sind von den in § 3 bestimmten Einkaufsgeldern frei, mit der Ausnahme, daß die ledigen Mitglieder für den Fall sich dieselben verheirathen, vom Vermögen oder der Ehesteuer ihrer Braut ein Prozent zu bezahlen haben.

§ 5

Für Armenversorgung übernimmt die Gemeinde keinerlei Verpflichtung.

§ 6

Fremde Personen, die hier wohnen, aber das hiesige Bürgerrecht nicht in Anspruch genommen, auch den im § 2 genannten Verpflichtungen nicht nachgekommen, sind schuldig, wenn sie die hiesigen Gemeindeinstitutionen mitgenießen wollen, nach Berücksichtigung ihrer Vermögensverhältnisse, ein vom Synagogenrathe mit Zuzug der Schatzungskommission zu bestimmendes jährliches Pensum zu bezahlen, welches Pensum aber den Betrag von Einhundert Gulden jährlich nicht übersteigen darf.

§ 7

Der für die israelitische Gemeinde Mannheim eingeführte Gottesdienst und die Gottesdienstordnung, sollen auch hier eingeführt werden; es soll daher alsbald ein musikalisches Instrument angeschafft werden, wozu die bereits zu diesem Zwecke gestifteten freiwilligen Beiträge zu verwenden sind, und der Rest aus der Gemeindekasse zu decken ist.

§ 8

Diese Statuten treten in Wirksamkeit, wenn dieselben von höherer Behörde genehmigt und der Gemeinde nochmals publiziert worden sind.

Folgende Unterschriften: (fehlen auf der Abschrift)

2. Antwort des Oberrats der Israeliten in Karlsruhe vom 9. März 1864 auf die eingereichte Petition betreffs Gründung einer Gemeinde in Freiburg

Dem Herrn Heinrich Zivi-Lang in Freiburg wird auf Vorstellung vom 16. Jan(uar) d(es) J(ahres) behufs weiterer Eröffnung an seine Vollmachtgeber eröffnet, daß der § 5 der vorgelegten Statuten nicht zugelassen werden könne, daß es aber überhaupt rathsam sein dürfte, wenn die isr(aelitischen) Einwohner von Freiburg mit ihrem Projecte warten, bis die neue Verfassung für die Israeliten Badens eingeführt sein wird.

Wir erklären uns indessen bereit, wenn dies gleichwohl gewünscht, u(nd) der § 5 der Statuten gestrichen wird, die Petition (dem) Gr(oßherzoglichen) Ministerium des Innern vorzulegen.

Der Ministerialcommissair
gez. Schwarzmann
gez. Altmann

3. Antwort des Freiburger Bevollmächtigten vom 21. März 1864 an den Oberrat der Israeliten

Auf Ihre geehrte Zuschrift vom 9ten dieses Monats haben wir die Ehre zu erwidern:

Wenn auch auf hiesigem Platze die Armenversorgung für die hiesigen Bürger Obliegenheit der politischen Gemeinde ist, und für die Nichtbürger deren Heimathsgemeinde zu sorgen hat, überdies für Armenversorgung durch besondere Vereine gesorgt werden könnte, so wollen wir doch darin willigen, § 5 aus unseren Statuten zu streichen.

Was jedoch Ihr anempfohlenes Zuwarten mit der Bildung einer Gemeinde bis zur Einführung der neuen Verfassung betrifft, können wir umso weniger darauf eingehen, da:
1) die hiesige israelitische Einwohnerschaft sich jetzt schon mehr als auf 100 Seelen beläuft u(nd) in Folge dessen man genöthigt war, ein größeres Betlocal für eine nicht unbedeutende Summe zu pachten, auch einen Kantor und Schächter provisorisch anzustellen, welche Kosten nur durch gleichmäßiges Umlegen gedeckt werden können, wozu aber nur eine Gemeinde berechtigt ist.
2) es nach den gemachten Erfahrungen nicht vorauszusehen ist, wann endlich die neue Verfassung für die Israeliten Badens eingeführt werden wird, und
3) nach dem vom Großherz(oglichen) Oberrathe in Sachen der israelitischen Gemeinde Sulzburg gegen Jacob Weil dahier an die Großherz(ogliche) Regierung des Oberrheinkreises abgegebenen Gutachten, jeder jüdische Bürger auch einer Religionsgemeinde angehören müßte.
Sie werden es für selbstverständlich finden, daß wir und namentlich die hiesigen Bürger gerade in Folge Ihres Gutachtens darauf dringen müssen, daß wir in möglichster Bälde die Genehmigung zur Bildung einer Gemeinde erhalten, da gewiß billigerweise Niemand zugemuthet werden kann, an eine fremde Gemeinde, ohne irgend welchen Genuß zu haben, Einkaufsgelder, sowie schwere Abgaben zu entrichten, während er in seinem Wohnsitze, wenn er seinen religiösen Bedürfnissen nachkommen will, nochmals große Opfer bringen muß.
Wir stellen daher wiederholt und dringend die Bitte:
Unser Gesuch mit den nunmehr abgeänderten Statuten mit Ihrem Antrag auf Genehmigung, dem Großherz(oglichen) Ministerium des Innern gef(äl)l(igst) in möglichster Bälde vorlegen zu wollen.
Der Bevollmächtigte
gez. Heinrich Zivi-Lang

4. Benachrichtigung des Freiburger Gemeinderats vom 31. Mai 1864 durch das Stadtamt und Beschluß des Gemeinderats vom 7. Juni 1864

a) Die Bildung einer israelitischen Gemeinde in Freiburg betr.
Dem Gemeinderath hier wird der Bericht des Oberraths der Israeliten vom 18. d(es) M(ona)ts nebst den beiliegenden Akten R.w. zur Äußerung mitgetheilt.

b) Beschluß (des Gemeinderats)
Gr(oßherzoglichem) Stadtamte zu berichten:
Unter Rückanschluß der Kommunikation geben wir in obig(em) Betreffe unsere Äußerung gez(iement) dahin:
Wir haben nichts gegen Errichtung einer Israeliten Gemeinde in hies(iger) Stadt einzuwenden, ebenso auch nichts gegen die vorgelegten Statuten, vorausgesetzt, daß der § 5 der letzteren, worin sich die Bittsteller der Armenversorgung entschlagen wollen, nicht genehmigt werde und hierwegen das Gesetz vom October 1862 maßgebend bleibe, und ferner daß sich die Bittsteller, namens der israel(itischen) Gemeinde auch verbindlich erklären, die Kosten für ihre religiösen Bedürfnisse *für alle Zeiten* ohne einen Anspruch an die politische Gemeinde, selbst zu bestreiten.
Über die erfolgte höhere Entscheidung erbitten wir gef(ällige) Nachricht.

5. Genehmigung des Innenministeriums und Benachrichtigung des Gemeinderats durch das Bezirksamt

a) Erlaß des Innenministeriums vom 21. Oktober 1864

An den Gr(oßherzoglichen) Oberrath der Israeliten:

Seine Königliche Hoheit der Großherzog haben mittelst höchster Entschließung und Gr(oßherzoglichen) Staatsministeriums vom 14. d(es) M(onats) No 834 gnädigst geruht, den israelitischen Einwohnern von Freiburg zum Zweck der Gründung einer Kirchengemeinde Corporationsrecht zu verleihen. Der Gr(oßherzogliche) Oberrath der Israeliten wird hierin auf seine Berichte vom 18. Mai und 12. Juni d(es) J(ahres) No 375 u(nd) 454 unter Rücksendung der Akten mit dem Anfügen in Kenntniß gesetzt, daß den Statuten der israelitischen Gemeinde zu Freiburg vom 16. Januar d(es) J(ahres) mit Ausnahme des No 5 derselben – in dessen Strich der provisorische Vorstand der Gemeinde bereits eingewilligt hat – die Staatsgenehmigung ertheilt wurde.
gez. A. Lamey

b) Benachrichtigung der Freiburger Gemeinderats vom 17. November 1864 durch das Bezirksamt Freiburg

Der *Gemeinderath* der Stadt Freiburg erhält eine Abschrift des Erlasses Gr(oßherzoglichen) Ministeriums des Innern vom 21. October No 12537 zur Nachricht mit dem Auftrag an den Herrn Bürgermeister, alsbald die Wahl des Synagogenraths der israelitischen Gemeinde nach No 3,5 u(nd) 6 der Verordnung vom 13. Mai 1833 Reg(ierung)sBlatt No 24 anzuberaumen u(nd) zu leiten u(nd) die Wahlakten sodann zur weiteren Entschließung hierher vorzulegen.
gez. Winter

c) Notiz des Bürgermeisteramts vom 26. und 30. November 1864

Beschluß
Ladung des s. Handelsmann Seligmann Reis auf Mittwoch 30 t(en) Vormittag 11 Uhr
F(rei)b(ur)g 26 Nov. 1864

Erscheint S. Reis und wurde aufgefordert, ein Exemplar *der Statuten* der israelitischen Gemeinde, sowie ein *Mitgliederverzeichniß* der israelitischen Gemeinde innerhalb 8 Tagen vorzulegen.
F(rei)b(ur)g 30 Nov 1864

6. Verzeichnis der 1864 in Freiburg wohnenden Israeliten

Verzeichnis der hier wohnenden Israeliten

Heinrich Zivi-Lang	Lazarus Pollack alt
S. Reiss	Silas Mayer
S. Pollack	S. Bloch
Max Zivi	N. Geihsmar
Emanuel Uffenheimer	S. Springer
J. Weil-Friedberg	A. Ellenbogen
Jacob Rieser	Adolf Weil
Hofger(ichts)advokat Hr. Naeff	Nathan Uffenheimer
J. Weil	Samson Dreyfuhs
S. Weil	Jacob Weinheim
M. Marx	Samuel Rieser
Rechtsanwalt Hr. Fürst	Samuel Dreyfuhs
Kreisger(ichts)secretair Heinsheimer	Theodor Weyl
	D. Hemmerdinger
Lazarus Pollack jung	H. Levystein
Carl Lion	Salomon Weinheim
Louis Weil	M. Loeb
Max Weil	N. (oder H.) Goldschmitt

7. Synagogenratswahlen 1864/65

a) Mahnung des Bezirksamtes vom 8. Dezember 1864 an das Bürgermeisteramt

Die Bildung einer israelitischen Gemeinde in Freiburg

betr.
Das Bürgermeisteramt dahier wird an alsbaldige Erledigung des diesseitigen Auftrages vom 17. v(origen) M(ona)ts erinnert.
M. Stöttler

b) Antwort des Bürgermeisteramts vom 12. Dezember 1864

Beschluß:

I. an Gr(oßherzogliches) Bezirksamt hier
Da wir sonst vormalen mit Geschäften ziemlich stark in Anspruch genommen sind, und die fragliche Wahl gerade nicht besonders dringlich ist, so wünschen wir solche zu einer gelegenen passenden Zeit vor sich gehen zu lassen. Die Einladungen sind übrigens bereits im Gange. Auf neuerliche Verfügung v(om) 8ten d(e)s M(ona)ts No 5460 haben wir dieses zu berichten die Ehre.

II. ad acta

c) Nochmalige Mahnung des Bezirksamtes vom 16. Dezember 1864

Die Bildung einer isr. Gemeinde dahier betr(effend)
Dem Bürgermeisteramt dahier wird auf seinen Bericht vom 12. d(es) M(onat)s bemerkt, daß die israelitische Gemeinde dahier auf Erledigung der Sache dringe u(nd) da die Vornahme der Wahl mit keinem besonderem Zeitaufwand verbunden sein kann, so sieht man der Erledigung der unterm 17. v(origen) M(ona)ts ertheilten Auftrage *innerhalb 14 Tagen* entgegen.
M. Stöttler

d) Einladung zur Wahl vom 22. Dezember 1864

Beschluß:

I. Wird die Vornahme der Wahl auf Mittwoch 11. Januar k(ommenden) J(ahres) Vormittag 11-12 Uhr anberaumt.
II. Werden die G(roß)h(er)z(oglichen) Anwälte Näf und S. Reiß als Urkundspersonen bestimmt.
III. Ergeht Schreiben an diese mit der Einladung zur Wahl:
Die Vornahme der Wahl eines Synagogenrathes haben wir bezirksamtl(ichem) Auftrage v(om) 16(ten) d(es) M(ona)ts No 5852 zufolge auf Mittwoch den 11ten Januar k(ommenden) J(ahres) Vormittags 11-12 Uhr angeordnet, u(nd) ersuchen die derselben gemäß d(er) Verordnung v(om) 13. Mai 1833 R(e)g(ierung)sblatt No 24 anzuwohnen.
IV. Anzeige an Großh(erzogliches) Bezirksamt dahier daß in Erledigung des Erlasses v(om) 16. d(es) M(ona)ts No 5852 die Wahl auf 11. Januar k(ommenden) J(ahres) anberaumt sei.
V. Rep. 8 Tagen

e) Vorlage des Wahlberechtigungsverzeichnisses und Bekanntmachung der Wahl

Großherzog(liches) Bürgermeisteramt!
Die Wahl des Synagogenraths dahier betr(effend)
Wir beehren uns Ihnen mitfolgend das gewünschte Verzeichniß der hier wohnhaften wahlfähigen Israeliten mitzuteilen.
Freiburg 3t(en) Januar 1865
die Mitglieder des provisorisch ernannten Synagogenraths
Heinrich Zivi-Lang Max Weil S. Reiß

Beschluß (des Bürgermeisteramts)

1) Wird anstelle des H(er)rn Anwalts Näf Adolph Weil zur weiteren Urkundsperson ernannt.
2) Nachricht demselben unter Einladung auf den 11. d(es) M(ona)ts vorm(ittags) 11 Uhr.
3) Dem H(errn) Kaufmann S. Reiß zur weiteren gef(älligen) Besorgung zu erwidern, daß man bei nochmaliger Erwägung u(nd) in Hinsicht der be-

sonderen hiesigen Verhältnisse es im Interesse der israelitischen Gemeinde selbst hält, wenn die Verkündung der Wahl durch das Verkündungsblatt unterbleibt. Diesselbe wolle daher am 7t(en) d(es) M(ona)ts im Betsaal bekannt gemacht werden.

f) Die Wahl vom 11. Januar 1865

Nachdem heute die Wahl stattgefunden
Beschluß (des Bürgermeisteramts)
Vorlage der Wahlakten an Gr(oßherzogliches) Bezirksamt mit dem Anfügen, daß man in Anbetracht der hiesigen besonderen Verhältnisse u(nd) bei der geringen Zahl der Wahlberechtigten von einer öffentlichen Bekanntmachung des Wahltages Umgang genommen hat.

g) Bestätigung der Wahl durch das Bezirksamt vom 28. Januar 1865

1. In Folge des Wahlergebnisses vom 11. d(es) M(ona)ts u(nd) nach Anhörung der Bez(irks)-Synagoge wird Herr Adolf Weil hier zum Vorsteher der israel(itischen) Gemeinde in Freiburg ernannt.
2. Nachricht hiervon dem Gemeinderath hier.

M. Stöttler

Anhang 4

Programm zur Einweihungs-Feier der Neuen Synagoge in Freiburg i. Br. am 23. September 1870

StadtAF, Dwe 5/590

I.

Eröffnung.

(Die Gemeinde erhebt sich.)

Die Thorarollen werden vom Rabbiner an der Pforte der Synagoge feierlich empfangen und in einem Zuge zur heiligen Lade geleitet, während dessen:

1.

Spiel des Harmoniums.

2.

Der Rabbiner und Vorbeter mit den Trägern der Thorarollen stellen sich auf der Estrade auf und der Rabbiner spricht in hebräischer Sprache die Segensformel

שהחינו

„Gepriesen seist Du, Ewiger, unser Gott, Herr „der Welt, daß Du uns am Leben erhalten und „uns hast erreichen lassen diese Zeit."

3.

Einweihungsgebet.

4.

Der Vorbeter spricht in hebr. Sprache:

בריך שנתן תורה

„Gelobt sei, der in seiner Heiligkeit die Lehre hat „gegeben seinem Volke Israel."

5.

Der Vorbeter singt in hebr. Sprache:

שמע ישראל

„Höre Israel! der Herr, unser Gott, der Herr ist „einzig."

ferner noch, was die Gemeinde leise mitbetet

אחד אלהינו

„Einzig ist unser Gott, groß unser Herr, heilig „sein Name."

6.

Während der Vorbeter Obiges singt werden die Thüren der heiligen Lade geöffnet.

Vorbeter (hebräisch):

יהללו

Der Rabbiner stellt nun die Thorarollen in die heilige Lade, während dieser Handlung singt der Chor in hebr. Sprache:

הודו על ארץ

„Seine Herrlichkeit waltet über Himmel und Erde; „er begründet das Heil seiner Verehrer; Ruhm „allen seinen Frommen, Allen, die ihm nahe „stehen. — Hallelujah!“

Hierauf spricht der Rabbiner folgendes Gebet gegen die heilige Lade gewendet:

Wenn ehemals die heilige Lade mit den Tafeln des Bundes niedergestellt wurde an den Ort ihrer Ruhe, sprach Moses, der göttliche Mann: „Ziehe wieder ein, o Herr, unter die Schaaren der Tausende Israels,“ und so bitten auch wir:

Möge der innige Glaube an Dich, o Herr, einziehen in unser Inneres, zu unserer Ruhe und Befriedigung, wie wir jetzt diese Rollen, welche uns diesen Glauben lehren, eingestellt haben in den Ort ihrer Ruhe; auf daß wir Alle Deine Priester seien, die in Gerechtigkeit sich hüllen und in der Frömmigkeit ihre Freude finden; damit wir einschlagen die Wege, die Du uns vorgezeichnet, anmuthige Wege, die auf allen ihren Pfaden den Frieden bringen. „Führe uns, o Herr, in solcher Weise zu dir zurück, auf daß wir Dir immer näher kommen.“

השיבנו

(Chor wiederholt.)

Die heilige Lade wird geschlossen.

(Die Gemeinde setzt sich.)

II.

Weihe.

7.

Gesang.

„Wir glauben all' an einen Gott.“

Männerchor von Spohn, vorgetragen vom Männergesangverein Concordia.

8.

Predigt.

9.

(Die Gemeinde erhebt sich.)

Gebet des Predigers.

10.

(Die Gemeinde setzt sich.)

Choral.

Vorgetragen vom Männergesangverein Concordia.

III.

Abendgottesdienst.

11.

Response zwischen Vorsänger und Gemeinde.

לכו נרננה

Davon den ersten und letzten Psalm.
Der letzte Psalm als stille Andacht.
(Gebetbuch S. 151 Nr. 77 und S. 156 Nr. 82.

12.

Begrüßung des Sabbaths.

לכה דודי

(Gebetbuch S. 156 S. 83.)

13.

Response zwischen Vorbeter und Gemeinde.
Sabbathpsalm Nr. 84. קדיש

14.

Rituelles Abendgebet, hebräisch.
(Gebetbuch S. 158—184.

15.

Rabbiner ויכלו deutsch:

„Vollendet waren der Himmel und die Erde und „die Erde und alle ihre Wesen. Als der Herr am „siebenten Tag vollendet hatte das Werk seiner „Schöpfung, ruhte er, segnete den siebenten Tag „und heiligte ihn, zur dankbaren und vertrauens-

„vollen Erinnerung, daß an ihm Gott ruhte von „dem Werke seiner Schöpfung, auf daß er in „ihr fortwirke."

16.

Gesang (nach מגן אבות bearbeitet) S. 168 Nr. 92.

17.

(Ganzes קדיש)

18.

Der Weihbecher mit Wein gefüllt wird dem Rabbiner dargereicht, welcher darüber den Sabbathsegen spricht: S. 186 Nr. 93.

קדוש

19.

Gebet für die Hingeschiedenen (S. 112 Nr. 54.
Hebr. geschrochen vom Vorbeter.

קדיש

20.

Deutsches Schlußgebet S. 194 Nr. 102.

21.

Schlußgesang S. 195 Nr. 103.

22.

Spiel des Harmoniums, während dessen die Gemeinde sich entfernt.

Gottesdienst am Samstag den 24. September Vormittags 8 Uhr.

Anhang 5

Zur Sozialstruktur der israelitischen Gemeinde (1862-1871)

Tabelle 1:

Aufstellung aller in den untersuchten Akten belegten Israeliten (1862-1871)

Quellen:
1) Synagogenratswahlliste von 1864
2) Synagogenratswahlliste von 1868
3) Synagogenratswahlliste von 1871
4) Bürgerannahmeakten
5) Freiburger Adreßkalender (Datum der Ersterwähnung)

Erläuterung: H = Händler
Von 29 Händlern waren 9 aus der Textilbranche, 7 aus der Weinbranche, 6 aus der Viehbranche; dazu 3 Vertreter des Eisenhandels, 1 des Lederhandels, 1 der Rohproduktbranche und 2 Obst- und Gemüsehändler. Ein Händler verkaufte Manufakturwaren (unklar, welche); bei 17 Händlern fehlt die Branchenangabe in den Quellen.

Name	Beruf	vorhandene Quellen: 1)	2)	3)	4)	5)
Bloch, Abraham	H: Wein	–	–	x	x	1868
Bloch, Julius	H: Wein	–	–	x	x	1868
Bloch, Maria	Privat	–	–	–	–	1871
Bloch, Meyer	?	–	–	x	x	–
Bloch, Süskind	H	x	x	x	–	1864
Blum, N. (L.)	isr. Wirt	–	–	x	–	1870
Borchardt, Bernh(ard)	Schuhfabrikant	–	–	x	–	1869
Dreifuhs, Samson	H	x	x	x	x	1865
Dreifuhs, Samuel	H	x	x	x	–	1865
Ellenbogen, Abrah(am)	H	x	x	x	–	1864
Ellenbogen, Daniel	?	–	–	x	–	–
Ellenbogen, Wolf	?	–	–	x	–	–
Fürst	Rechtsanwalt	x	–	–	–	1864
Geismar, Hermann	H	–	–	–	–	1871
Geismar, Nathan	H	x	x	x	–	1863
Geismar, Salomon	H: Vieh	–	–	x	–	1871
Goldschmidt, J.	Arbeiter/H: Obst	–	–	–	–	1862
Goldschmidt, Max	Gerber/Werkf(?)	–	–	–	–	1865
Goldschmidt, Sylvester	Conducteur	–	–	–	–	1871

Haas, Abraham	H	–	–	–	x	1868
Haas, Abraham	Fabrikarbeiter	–	–	–	–	1869
Haas, Adam	Schuhmacher	–	–	–	–	1869
Haas, Franz Jos.	Eisenbahnarb.	–	–	–	–	1869
Haas, Jakob	Fabrikarbeiter	–	–	–	–	1868
Haas, Johann	Unterlehrer	–	–	–	–	1869
Haas, Joseph	Taglöhner	–	–	–	–	1869
Haas, Julius	H: Wein	–	–	–	–	1871
Haas, Louise	Taglöhnerin	–	–	–	–	1866
Haberer, Laz. Sohn	H	–	–	x	–	1867
Heimann, S.	H	–	–	–	–	1864
Heinsheimer	Kreisgerichts-sekretär	x	–	–	–	1863
Hemmerdinger, David	H	x	x	x	x	1863
Leser, Lazarus	H: Kleider	–	x	x	–	1866
Levistein, Herzel	H: Kleider	x	x	x	x	1863
Lion, Carl	H: Kleider	x	–	–	–	1863
Lion, Carl jg.	Schreiner	–	–	x	–	1871
Lion, Jonas	?	–	x	–	–	–
Lion, J. Nep.	Schreinerwitwe	–	–	–	–	1871
Lion, Peter	Heizer	–	–	–	–	1871
Loeb, David Moses	H	x	–	x	–	1865
Marx, Daniel	H	–	–	–	–	1871
Marx, Jakob	Mechaniker	–	–	–	–	1870
Marx, Jakob	Mechaniker	–	–	–	–	1870
Marx, Maier	H: Langwaren	x	x	x	x	1864
Mayer, Joseph	?	–	–	x	–	–
Mayer, Julius	H: Eisen	–	x	x	x	1867
Mayer, Silas	H	x	x	x	–	1865
Näf, Nephtali	Hofgerichts-advokat	x	x	x	x	1847
Näf, Stefan	Musikus	–	–	–	–	1865
Pollack, Jacob	H: Weißwaren	–	–	x	x	1869
Pollack, Lazarus alt	H: Weißwaren	x	x	x	–	1864
Pollack, Lazarus jg.	H	x	x	x	x	1865
Pollock, Salomon	H: Kleider	x	x	x	x	1863
Reiss, Seligmann	H: Gemischt-waren	x	x	x	x	1864
Rieser, Jacob	H: Leder	x	x	–	x	1864
Rieser, Samuel	?	x	x	–	–	–
Rothschild, Jacob	H: Wein	x	x	x	x	1863
Sommer, Heinrich	?	–	–	–	x	1873
Sommer, Marx		–	–	x	x	186?
Springer, Maier	H: Kleider	–	–	x	x	1870
Springer, Salomon	H: Kleider	x	x	x	x	1864
Springer, Sebastian	Stiftungsrevisor	–	–	–	–	1847
Springer, Robert	Notar	–	–	–	x	–
Uffenheimer, Emanuel	H: Vieh	x	x	x	x	1864
Uffenheimer, Nathan	H: Vieh	x	x	x	–	1866
Uffenheimer, Gustav	H: Vieh	–	–	–	x	1874
Ullmann, Michael	Cantor	–	–	–	–	1864
Veith, Adam	Schneider	–	–	–	–	1867
Veith, Ester	–	–	–	–	–	1867
Veith, Israel	H: Vieh	–	–	–	x	1867
Veith, Joseph	Glaser	–	–	–	–	1866
Veith, Joseph	pens. Grenzauf-seher	–	–	–	–	1870
Veith, Leopold	Schuster	–	–	–	–	1867
Weil, Adolf	Agent	x	x	x	–	1865
Weil, Elise	Putzmacherin	–	–	–	–	1865
Weil, Fanny	?	–	–	–	–	1865
Weil, Ida	–	–	–	–	–	1865
Weil, Josef	H: Wein	–	–	–	x	1867

Weil, Leopold	?	–	–	–	–	1869
Weil, Louis	Commissair	x	x	x	–	1862
Weil, Max	isr. Wirt	x	x	x	x	1847
Weil, Mina	Putzmacherin	–	–	–	–	1862
Weil, Moritz	Buchhalter	–	–	x	–	1867
Weil, Samuel	H	x	x	x	x	1866
Weil, Sigmund	Privatier	–	–	?	–	1867
Weil, Sigmund	Buchhalter	–	–	?	–	1867
Weil, Sigmund	H: Geld + Vieh	–	–	?	x	1869
Weil, Sophie	Putzmacherin	–	–	–	–	1847
Weil-Friedberg, Jac(ob)	H: Metall	x	x	x	x	1864
Weyl, Theodor	H: Eisen	x	x	x	–	1863
Weinheim, Jacob	H; ab 1866 Privatier	x	x	x	–	1865
Weinheim, Salomon	H: Rohprodukte	x	x	x	x	1866
Wolf, Nathan	H: Manufakturwaren	–	x	x	–	186?
Zivi, Joseph	H: Wein	–	–	–	–	1863
Zivi, Julius	H	–	–	–	–	1869
Zivi, Max	H: Wein	x	x	x	x	1865
Zivi-Lang, Heinrich	H	x	x	x	x	1864

Tabelle 2
Händler in Freiburg (1871)

(Angaben nach Freiburger Adreßkalender 1871, S. 31 ff.)

Branche	insgesamt	jüdisch
Bankiers	5	0
Bettwaren	4	1
Branntwein	7	0
Cigaretten	1	0
Delikatessen	6	0
Eisenhandlungen	8	2
Kurzwaren	22	3
Leder	4	0
Manufakturwaren	24	4
Musikalien	2	0
Papier	7	0
Porzellan	9	1
Specereien	40	2
Spedition	6	0
Wein	32	5
Weißwaren	6	2
Kleider	18	6
Commissionsgeschäft	10	1
Mehl	7	0
Holz	22	0
Pferde	2	2
Trödler	12	3
Victualien	24	0
Vieh	4	4
Weinstein	1	1

(Anm.: Unstimmigkeiten dieser Angaben im Vergleich zu denen in Tabelle 1 erklären sich daraus, daß Tabelle 1 den Zeitraum von 1862 bis 1871 mit allen seinen möglichen Schwankungen berücksichtigt, während Tabelle 2 einen Querschnitt des Jahres 1871 gibt).

Quellen- und Literaturverzeichnis

Abkürzungen:

StadtAF	= Stadtarchiv Freiburg i. Br.
GLA	= Badisches Generallandesarchiv Karlsruhe
ZGO	= Zeitschrift für die Geschichte des Oberrheins
FDA	= Freiburger Diözesanarchiv
LBIYB	= Leo Baeck Institute Year Book

1. Quellen

a) aus dem Stadtarchiv Freiburg

B 1 (H) Nr. 73 Franz Xaver Hoch, Erinnerungen aus der badischen Revolution vom Jahre 1849
B 5 XIIIa Ratsprotokolle (1849, 1851, 1863)
B 5 XXIII Zunftprotokolle 18 (Zunft zum Falkenberg)
C 1 Bürgerannahmen (verschiedene Nummern)
C 1 Gemeindevermögen 57 Nr. 2 (Israelitische Gastwirtschaft 1841-1873)
C 1 Judensachen 1417-1865
C 1 Manifeste 1 Manifeste, Aufrufe, Proklamationen 1698-1878
C 1 Volkszählung 2-4 V 1864
C 2 (19) Begräbnisse 13
C 2 Judensachen 75/1 (1-4)
Dvc 4667 Sammelmappe Juden
Dwe 5/590 Programm zur Einweihung der Neuen Synagoge (1870)
Dwe 5/610 Sammelmappe Juden in Freiburg
Dwe 580 Predigt Lewins (1890)

b) aus dem Badischen Generallandesarchiv Karlsruhe

231/1425 (Petition 1861)
233/27636 (Fall Näf)
355/Zugang 1906/34 Fasz. 1758 (Fall Näf)

c) aus der Universitätsbibliothek Freiburg

Breisgauer Bote, Amtliches Verkündigungsblatt (1850/51)
Freiburger Adreßkalender (1845-1871)
Der Freiburger Bote. Ein nützlicher und unterhaltender Haus- und Wirthschafts-Kalender . . . (1849-1862)
Freiburger Bote für Stadt und Land (1865-1868)
Freiburger Katholisches Kirchenblatt (1859-1871)
(Neue) Freiburger Zeitung (1846-1851, 1860-1871)
Oberrheinische Zeitung (1846-1848)
Regierungsblatt für das Großherzogtum Baden (1808 ff.)
Süddeutsche Zeitung für Kirche und Staat (1845-1848)
Verhandlungen der badischen Ständekammer, Protokolle und Beilagenhefte (1846, 1848, 1851, 1862, 1869)
Verkündungsblatt für die Stadtgemeinde Freiburg (1863 ff.)

Flugblätter aus der Revolution von 1848

J.B. Bekk, Die Bewegung in Baden von Ende Februar 1848 bis zur Mitte des Mai 1849, Mannheim 1850

d) aus dem Universitätsarchiv Freiburg

Handschriftliche Matrikel der Universität Freiburg (1845-1871)

2. Literatur

Josef Becker, Liberaler Staat und Kirche in der Ära von Reichsgründung und Kulturkampf. Geschichte und Strukturen ihres Verhältnisses in Baden, 1860-1876, Mainz 1973

Erich Bloch, Geschichte der Juden von Konstanz im 19. und 20. Jahrhundert. Eine Dokumentation, Konstanz 1971

Julius Dorneich, Der badische Politiker Franz Joseph Buß, Phil. Diss. Freiburg 1924

Ders., Der Kirchenkampf in Baden (1860-1876) und die Katholische Gegenbewegung, in: FDA 94 (3. F. 26) 1974, S. 547-588

Ders., Die Führungsschicht der Katholischen Volkspartei in Baden 1869 nach ihrer Sozialstruktur, in: ZGO, Bd. 124, 1976, S. 363-368

Josef Ehrler, Zur Geschichte der Freiburger Zünfte, aus: Das Badener Land, 1909, Nr. 1-28

Festschrift zum 28. Deutschen Fleischer-Verbandstag in Freiburg i.Br., Freiburg 1905

Konrad Fisch/Hans Rittner/Julian Würtenberger, Die Revolution 1848/49 in Freiburg, unveröff. Magisterarbeit Freiburg 1974

Lothar Gall, Der Liberalismus als regierende Partei. Das Großherzogtum Baden zwischen Restauration und Reichsgründung, Wiesbaden 1968.

Ders., Die partei- und sozialgeschichtliche Problematik des badischen Kulturkampfes, in: ZGO, Bd. 113, 1965, S. 151-196

Wilhelm H. Ganser, Die Süddeutsche Zeitung für Kirche und Staat, Freiburg 1845-1848. Eine Studie über die Anfänge des Politischen Katholizismus in Baden, Berlin 1936

Gabriele Häcker, Aus dem Leben der Freiburger Zünfte, unveröff. Zulassungsarbeit Päd. Hochschule Freiburg 1969

Joachim Hahn, Synagogen in Baden-Württemberg, Stuttgart 1988

Ernest Hamburger, Juden im öffentlichen Leben Deutschlands. Regierungsmitglieder, Beamte und Parlamentarier in der monarchischen Zeit, 1848-1918, Tübingen 1968

Franz Hundsnurscher/Gerhard Taddey, Die jüdischen Gemeinden in Baden. Denkmale, Geschichte, Schicksale, Stuttgart 1968

Juden in Baden, 1809-1984. 175 Jahre Oberrat der Israeliten Badens. Katalog und Begleitbuch zur Ausstellung im Badischen Landesmuseum, Karlsruhe 1984

Franz Kistler, Die wirtschaftlichen und sozialen Verhältnisse in Baden, 1849-1870, Freiburg 1954

Erika Klapper, Stadtentwicklung und Schulwesen in Freiburg i.Br. vom 13. Jahrhundert bis zur Gegenwart, Bühl 1982

Ludwig Klaiber, Buchdruck und Buchhandel in Freiburg i.Br. Ein geschichtlicher Überblick, Freiburg 1949

Karin Kneile-Klenk, Zur Bevölkerungs- und Wirtschaftsstruktur der Stadt Freiburg i.Br. während der Gründerjahre (1871-1873/4), unveröff. Wiss. Hausarbeit zur Reallehrerprüfung, Freiburg 1971

Franz Laubenberger, Freiburg im 19. und 20. Jahrhundert, in: W. Müller (Hg.), Freiburg in der Neuzeit, Bühl 1972, S. 110-131

Hermann Lauer, Geschichte der katholischen Kirche im Großherzogtum Baden. Von der Gründung des Großherzogtums bis zur Gegenwart, Freiburg 1908

Friedrich Lautenschlager, Die Agrarunruhen in den badischen Standes- und Grundherrschaften im Jahre 1848, Heidelberg 1915

Ders. (Hg.), Volksstaat und Einherrschaft. Dokumente aus der badischen Revolution 1848/49, Konstanz 1920

Adolf Lewin, Juden in Freiburg i.Br., Trier 1890
Ders., Geschichte der badischen Juden seit der Regierung Karl Friedrichs, 1738-1909, Karlsruhe 1909
F. Lewald, August Lamey, Heidelberg 1904
Siegfried Löttgen, Motive der badischen Gewerbegesetzgebung im 19. Jahrhundert bis zur Gewerbefreiheit 1862, Jur. Diss. Freiburg 1928
Heinrich Maas, Geschichte der katholischen Kirche im Großherzogtum Baden. Mit besonderer Berücksichtigung der Amtszeit des Erzbischofs Hermann von Vicari, Freiburg 1891
Willy Real, Die Revolution in Baden 1848/49, Stuttgart 1983
Die Religionszugehörigkeit in Baden in den letzten 100 Jahren, Freiburg 1928
Monika Richarz, Der Eintritt der Juden in die akademischen Berufe. Jüdische Studenten und Akademiker in Deutschland 1678-1848, Tübingen 1974
Dies., Emancipation and Continuity. German Jews in the Rural Economy, in: W. Mosse u.a. (Hg.), Revolution and Evolution. 1848 in German-Jewish History, Tübingen 1981, S. 95-115
Dies. (Hg.), Jüdisches Leben in Deutschland, Selbstzeugnisse zur Sozialgeschichte, 1780-1871, Stuttgart 1976
Günter Richter, Revolution und Gegenrevolution in Baden 1849, in: ZGO, Bd. 119, 1971, S. 387-425
Leo Alexander Ricker, Freiburg. Aus der Geschichte einer Stadt, Karlsruhe 1964
Michael Anthony Riff, The Anti-Jewish Aspect of the Revolutionary Unrest of 1848 in Baden and its Impact on Emancipation, in: LBIYB XXI, 1976, S. 27-40
Bernhard Rosenthal, Heimatgeschichte der badischen Juden seit ihrem geschichtlichen Auftreten bis zur Gegenwart, Bühl 1927
Reinhard Rürup, Die Emanzipation der Juden in Baden, in: ders., Emanzipation und Antisemitismus, Göttingen 1975
Ernst Schulin, Die Geschichte der Evangelischen Kirchengemeinde Freiburg, 1807-1982, Freiburg 1983
Berent Schwineköper/Franz Laubenberger, Geschichte und Schicksal der Freiburger Juden. Aus Anlaß des 100jährigen Bestehens der israelitischen Gemeinde in Freiburg (= Freiburger Stadthefte 6), Freiburg 1963
Berent Schwineköper, Die Stadt Freiburg im Breisgau. Die wirtschaftliche und gesellschaftliche Entwicklung, Sonderdruck Freiburg 1965
Emil Sepp, Geschichte der Freiburger Gewerbebank, Festschrift Freiburg 1906
Eleonore Sterling, Judenhaß. Die Anfänge des politischen Antisemitismus in Deutschland, 1815-1850, Frankfurt ^{2} 1969
Jacob Toury, Soziale und politische Geschichte der Juden in Deutschland, 1847-1871. Zwischen Revolution, Reaktion und Emanzipation, Düsseldorf 1977
Ders., Jüdische Textilunternehmer in Baden-Württemberg, 1683-1938, Tübingen 1984
Theodor Ueberdick, Freiburg – am Vorabend der Expansion (= Freiburger Stadthefte 22), Freiburg 1975
Balthasar Wilms, Die Zunft zum Falkenberg in Freiburg i.Br., 1454-1868, Freiburg 1925